揭示『语言文字运用』奥秘

提升学生写作能力

规范作文

GUI FAN ZUOWEN

111 讲

王德军 著

吉林文史出版社

图书在版编目（ＣＩＰ）数据

规范作文111讲 / 王德军著. -- 长春：吉林文史出版社, 2023.3

ISBN 978-7-5472-9299-0

Ⅰ. ①规… Ⅱ. ①王… Ⅲ. ①作文课—高中—教学参考资料 Ⅳ. ①G634.343

中国国家版本馆CIP数据核字(2023)第047689号

GUIFAN ZUOWEN 111 JIANG
# 规 范 作 文 1 1 1 讲

| | |
|---|---|
| 著　　者： | 王德军 |
| 责任编辑： | 张涣钰 |
| 封面设计： | 新梦渡 |
| 装帧设计： | 新梦渡 |
| 出版发行： | 吉林文史出版社有限责任公司 |
| 地　　址： | 长春市福祉大路5788号 |
| 邮　　编： | 130117 |
| 网　　址： | www.jlws.com.cn |
| 印　　刷： | 武汉楚商印务有限公司 |
| 开　　本： | 889mm×1194mm　1/16 |
| 印　　张： | 13.25 |
| 字　　数： | 200千字 |
| 版　　次： | 2023年3月第1版 |
| 印　　次： | 2023年3月第1次印刷 |
| 书　　号： | ISBN 978-7-5472-9299-0 |
| 定　　价： | 69.00元 |

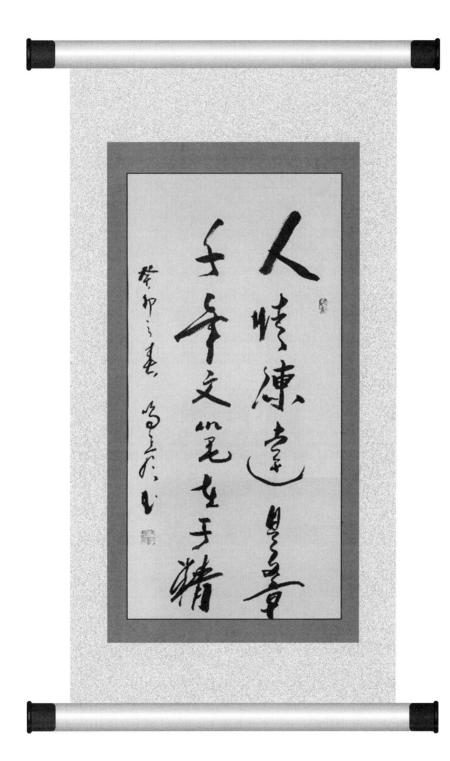

方城县政协原常务副主席、文化促进会主席、
老干部大学常务副校长包鸣彦同志为本书题词

字里行间工朱笔，尽心尽意细点评。佳作百篇堪名世，天道酬勤报丰功。

——南阳师范学院教授　聂振弢

成也细节，败也细节。王德军老师的这本《规范作文 111 讲》从写作的方方面面给予点拨，致力于解决写作过程中遇到的微小问题。该书每讲专注一点，小处切入，深挖细耕，是一本优秀的作文指导书。

——高级编辑　赵陌

王德军老师的《规范作文 111 讲》，细致、全面分析人们在写作过程中经常出现或需要注意的多种问题，辅以精彩范例和解析，能够很好地帮助人们提升写作能力。阅读《规范作文 111 讲》，你会快速掌握令文章"锦上添花"的多种妙招。

——高级编辑　张君

本书可供中小学生和其他写作爱好者参阅。

# 细斟语言

——写在前面

两年前，我写的《作文评改一百篇》付梓了。薄薄的一本书用了我三年时间，那是一本针对中学生作文修改的书。这本《规范作文111讲》是《作文评改一百篇》的姊妹篇。前一本是综合性的，这一本是条分缕析式的；前一本是揣摩作文修改的"源"，这一本是"流"。这本书的条目简明，入口小，针对性更强。就难度来说，这一本比前一本降低了很多，有利于节约读者的时间。如果把《规范作文111讲》当成是一剂医治作文弊病的良药，它与《作文评改一百篇》一样，仍属于中药中的草根、树皮、花须子，而不是西药中的维生素甚至是抗生素。

其实，语言表达上的问题就好比一个人身上的小恙，可以不必服药，不服药也夺不了命，但我却常常固执地下药去治，因为我总觉得这与身体上的小恙毕竟不太一样。如果不是严重到膏肓的话，身体上的小恙久而久之可能会自愈，而语病一旦成形，无论大小，那终将会发展为顽疾。

《规范作文111讲》是我平时修改《雏鹰报》采稿作文时的札记，虽说是札记，也是下了一番咀嚼功夫的。我们省级示范性高中每届招收的两千多名学子，本来已经是从全县一万多名初中毕业生中选拔出来的佼佼者了，而在这佼佼者中能向《雏鹰报》投稿的也不过二三百人。这二三百人在写作素养上可以说是精英中的精英，他们反复打磨出来的稿件，最后能被老师们采用刊登到校报中的，每期也不过一二十篇。想对这一二十篇文章吹毛求疵，并非易事，往往每得一处不得不付出自损八百脑细胞的代价。

这本书和《作文评改一百篇》一样，不是技巧书，更不是速成书，它斟酌的是语法、逻辑、修辞、文意、文气。语法也好，逻辑也好，修辞也好，文意、文气也好，都是为了能文从字顺地记叙事实和表情达意，这是基本要求。不过，要做到这一点，笔者认为，也是很不容易的，于是，我便写了这本书。错漏之处，敬请行家指点。

这本书采用原文和改文相对照的方式编排，改文对原文中的错漏进行了多处订正，但每一讲只选择其中的一两处详细分析订正的原因，其他错漏放在其他讲中另行分析，请读者阅读时注意这一点。

王德军

2023 年 2 月

# 目　录

# 第一讲

# 不可小觑"您"字的使用

写作时要区别使用"您"和"你"。在指称长辈、尊敬的人或陌生人时最好用"您"字；另外，在指称母校、祖国、故乡时，也最好用"您"字，这样才不失尊敬与亲切。

比如《雏鹰报》第五十一期第三版一（3）班秦××同学的作文《曾被我忽视的世界》原稿的前两段。

"妈，我渴了，你给我倒杯茶吧。"

"妈，我衣服脏了，你待会儿给我洗洗啊。"

**宜改为：**

"妈，我渴了，您给我倒杯茶吧。"

"妈，我衣服脏了，过一会儿您替我洗洗啊。"

分析：这两段话里面的两个"你"都宜改为"您"，虽然作者要表现的是对辛勤养育自己的母亲的忽视，但"您"是表示礼貌和尊敬的敬词，如果不是要着意表达对人的不尊重，该用"您"的时候还是要用"您"的。

又如《雏鹰报》第五十二期第四版一（20）班李××同学的作文《曾被我忽视的世界》原稿第八、九段。

我从客厅走出去，说："奶奶，你不用给我洗，一会儿我自己洗就行了。"

也许是我说话的语气有些生硬，奶奶抬起头看了我一眼，又低下头去，将胳膊上的外套轻轻放下，神色仿佛有一丝难堪地说："行，我不给你洗，我老了，眼也花了，笨手笨脚的，再给你衣服上的图案洗坏了可怎么办？"我犹豫了一下，赶紧对奶奶说："奶奶，要不还是您替我洗吧，这件外套我穿得太脏了，我怕我洗不干净，图案是印上去的，洗不掉的。"

**宜改为：**

我走进客厅，说："奶奶，你不用给我洗，一会儿我自己洗就行了。"

也许是我说话的语气太生硬，奶奶抬起头看了我一眼，又低下头去，将胳膊上的外套轻轻放下，神色仿佛有一丝难堪："行，我不给你洗，我老了，眼也花了，笨手笨脚的，再给你衣服上的图案洗坏了可咋办？"我犹豫了一下，赶紧对奶奶说："奶奶，要不还是您替我洗吧，这件外套我穿得太脏了，我怕我洗不干净，图案是印上去的，洗不掉的。"

选段中"奶奶，你不用给我洗""奶奶，要不还是您替我洗吧"这两句中的"你"和"您"从表达效果上看用得比较合理，因为前者是不耐烦时的话，显然对奶奶是不尊敬的，之后，作者体悟到了奶奶的良苦用心，对奶奶的敬意油然而生，所以改称"您"。语词的变化表现出了情感的变化，这很好。

再如《雏鹰报》第五十二期第三版一（15）班韩×同学的作文《曾被我忽视的世界》原稿的第六段。

一天中午，我正在吃午饭。突然，手机铃声响起。抬眼望去，手机屏幕上是"快递"二字。早不送，晚不送，偏偏吃饭的时候送。我有些生气，但人家既然来了，只能去接。迅速换好鞋子，我一路小跑到小区门口停着的一辆快递车。"你好，取快递。"我说。"您的手机号码？"我报了手机号码，于是她开始在车中灵巧地翻找着我的包裹。太阳很毒，街道上空无一人，知了不耐烦地唱着聒噪的曲子。我看到她脸上密布汗渍，不断地汇成汗滴，如穿线圆珠般打在车上，发出"啪、啪"的响声。我突然觉得他们挺不容易的。忽然，她转过身来，递来一个包裹："您的快递，请签字。"可我失手错过她递来的笔。正要俯身捡，她却自己捡了起来。

**宜改为：**

一天中午，我正在吃饭。突然，手机铃声响起。抬眼望去，手机屏幕上显示出"快递"字样。早不送，晚不送，偏偏吃饭的时候送。我有些生气，但人家既然来了，只能去接。我迅速换好鞋子，一路小跑到小区门口，那里正停着一辆快递车。"你好，取快递！"我说。"您的手机号码？"我报了手机号码，于是她开始在车中灵巧地翻找我的包裹。

太阳很毒，街道上空无一人，知了不耐烦地唱着聒噪的曲子。我看到她脸上密布汗渍，汗渍不断地汇成汗滴，如断线圆珠般打在车上，仿佛发出"啪、啪"的响声。我突然觉得她挺不容易的。忽然，她转过身来，递来一个包裹："您的快递，请签字。"我却失手错过了她递来的笔，我正要俯身捡，她已经麻利地捡了起来。

文中有一处对话，作者处理得很妙：

"你好，取快递！"我说。

"您的手机号码？"

以上两句中的"你"和"您"用得比较好，文中"我"对陌生人说"你好"，为什么不用"您好"？因为"我"那时候正生着快递员的气，但快递员的一句"您的手机号码"表明她在"我"生气时仍不失礼貌，这就为下文写"我"对快递员产生好感做了很好的铺垫。

再如《雏鹰报》第五十一期第四版一（19）班贺×同学的作文《曾被我忽视的世界》原稿中运用的三个小标题。第一个小标题是"哎，真倒霉！我恨你！"，这一部分写作者迟到次数多了，班主任便罚作者每天练三张字帖，她心中不服，所以小标题中用"你"带出这种不服气的感情色彩。第三个小标题是"我记你一辈子，谢谢你！"，在体会到班主任对"我"的关爱后再用"你"来称呼班主任就不恰当了，所以宜将第三个小标题中的"你"改为"您"。

# 第二讲

# 容易忘记的主语——"我"

同学们在写作文时，尤其在怀着恬淡闲适的心情写散文时，往往容易把主语"我"给漏掉。

比如《雏鹰报》第五十一期第三版一（10）班侯××同学的作文《曾被我忽视的世界》原稿的第一段：

傍晚放学，总要经过一片常春藤覆盖的废墟。

## 宜改为：

傍晚放学，我总要经过一片被常春藤覆盖的废墟。

这句话宜在"总要"前添上主语"我"，这样，句子才完整，表意更明白。

又如《雏鹰报》第五十一期第四版一（12）班王××同学的作文《曾被我忽视的世界》原稿的第一段：

喜欢这样温暖而寂静的天气，阳光透过密密扎扎的树叶像水般地倾泻下来，握住父亲粗糙的大手一如拥有了整个美好的世界……

## 宜改为：

我喜欢这样温暖而寂静的天气，阳光透过密密匝匝的树叶像水一般倾泻下来，握住父亲粗糙的大手一如拥有了整个美好的世界……

这一段也是没有主语，宜在第一句前加上主语，将第一句改为"我喜欢这样温暖而寂静的天气"。

再如《雏鹰报》第五十一期第四版一（16）班牛××同学的作文《曾被我忽视的世界》原稿的第二段：

记得刚上初中时，看着周围的一切变化都倍感新奇，每天下课只想去玩。不久后，学习已经激不起我的兴趣，每日使我振奋的也只是玩。

## 宜改为：

我记得刚上初中时，对周围的一切变化都倍感新奇，每天下课只想去玩。不久，学习已经激不起我的兴趣，每日使我兴奋的也只是玩。

最好在第一句话的"记得"前或后面加上主语"我"。

# 第三讲

# 文字描述要符合真实的生活

写文章要字斟句酌，斟酌词句的第一原则是要让它们符合生活的真实。

如《雏鹰报》第五十一期第三版一（3）班秦××的作文《曾被我忽视的世界》原稿第五段中有这样一句话：

眼前的这一幕让我下意识地去抓妈妈的手，谁知，这时我的手早已被她紧紧地抓着。

## 宜改为：

眼前的这一幕让我下意识地去抓妈妈的手，谁知，她的手也正伸过来要抓我的手。

原文中的这句话不太符合生活实际，这句话是表现去做扁桃体摘除手术的"我"看到从手术室里推出一个做完鼻炎手术并且满脖子是血的患者时产生的恐惧反应。"我"下意识去抓妈妈的手，怎么会没有感到自己的手"早已被妈妈抓着了"呢，并且还是"紧紧地抓着"？可以将最后一个分句改为"她的手也正伸过来要抓我的手"，这样更符合生活实际一些。

该文第六段还有一句话也不太符合生活实际：

手术结束时，我早已泣不成声。

"我"做的是扁桃体摘除手术，手术结束后，如果看到亲人，可能会泣不成声，不可能在手术结束时就泣不成声了。

再如《雏鹰报》第五十一期第三版一（10）班侯××的作文《曾被我忽视的世界》原稿第三段有这样一句：

只有那常春藤依旧不屈不挠，有人经过时，总不厌其烦地钩住来人脚步，纠缠一番，却也只能换来人们的无动于衷，将它拦腰折断。

**宜改为：**

只有那常春藤好像依旧不屈不挠，有人经过时，总不厌其烦地钩住行人裤脚，纠缠一番，却只能换来人们的无动于衷，或将它拦腰折断。

"常春藤"钩住行人的"脚步"是不合情理的，藤蔓钩住的只能是行人的"裤脚"，钩不住"脚步"。"脚步"指"一步跨出的距离""行走或奔跑时脚的动作"或"走路的能力"。同时，既然"却也只能换来人们的无动于衷"了，又为何还有"将它拦腰折断"的动作呢？"无动于衷"的意思是"对应该关心注意的事毫不关心、置之不理"。能发出"拦腰折断"藤蔓动作的人应该是心有触动，行有变化的。如果在"将它拦腰折断"前面加上一个"或"字，让"无动于衷"与"拦腰折断"成为并列的两种情况就可以了。

再如《雏鹰报》第五十二期第三版一（15）班韩×同学的作文《曾被我忽视的世界》原稿的倒数第二段：

我忽然有些感动，泪水湿润了眼眶。这么热的天，我们吃饭的时候，他们却依然在为我们服务，而且是那么地认真负责，没有丝毫的不耐烦。我突然感到普通人也有自己的尊严与执着。

**宜改为：**

我忽然十分感动，泪水湿润了眼眶。这么热的天，我们吃饭的时候，她依然在为我们服务，而且是那么地认真负责，没有丝毫的不耐烦。

原文中的"有些"不太符合事实，因为此时感动的程度已达到了"泪水湿润了眼眶"，所以，可以把"有些"改为"十分"或"非常"，这样才更符合事实。

再如《雏鹰报》第五十一期第四版一（12）班王××的作文《曾被我忽视的世界》原稿第二段中有一句：

我迅速上了车，但车上已是人潮汹涌。

**宜改为：**

我迅速上了车，但车上已是人头攒动。

作者乘的是公共汽车，即便乘坐的是火车，用"人潮汹涌"表现车上人多也不符合事实，可以改为"人头攒动"，车站的人多时可以用"人潮汹涌"来形容。

又如《雏鹰报》第三十四期第四版三（18）班袁××同学的作文《永远不要以貌取人》原稿的第三段：

前几年，我国各大卫视热播并一再重播的相亲综艺节目，大屏幕下二十余位浓妆艳抹的女嘉宾在那儿搔首弄姿，不断地吸引着大众的关注。但事后有人曝出了其中一部分人化妆前后的对比照片，看完之后用"判若两人"形容也不为过，更有男女嘉宾牵手成功过后两个月，女主角又重返舞台的现象，许多人猜想是因为女嘉宾卸妆之后把男嘉宾吓住了。在嬉笑的背后，折射的正是一个时代的问题：以貌取人。

**宜改为：**

前几年，在我国部分卫视热播并一再重播的相亲综艺节目中，大屏幕下常有二十余位浓妆艳抹的女嘉宾在那儿搔首弄姿，竭力吸引大众的关注。但事后有人晒出了她们中一部分人化妆前后的对比照片，看完之后用"判若两人"形容她们也不为过。更有男女嘉宾成功牵手两个月后主角重返舞台的现象，许多人猜想是因为嘉宾卸妆之后把对方吓住了。在嬉笑的背后，折射的正是一个现实的问题：以貌取人。

原稿"我国各大卫视热播并一再重播的相亲综艺节目"一句中的"各大卫视"不符合生活实际，因为现实中只有部分卫视开辟了相亲综艺栏目，所以，将"各大"改为"部分"为宜。

原稿中"女主角又重返舞台的现象，许多人猜想是因为女嘉宾卸妆之后把男嘉宾吓住了"这句话的表达也是不符合生活实际的。好像只有女主角化妆造出美貌骗了男嘉宾而没有男嘉宾用外貌骗女嘉宾似的，其实，也应该会有男骗女的现象。我们没有对相关卫视的节目进行过调查，但根据常理逻辑应该能推想到也会存在男嘉宾用化妆极力粉饰自己的现象。所以，把"女主角又重返舞台的现象"中的"女"和"又"字删去，把"女嘉宾卸妆之后把男嘉宾吓住了"中的"女"字也删去，把"男嘉宾"改为"对方"为宜。

又如《雏鹰报》第三十四期第二版三（3）班高××同学的作文《学习古诗词不可盲目跟风》原稿的第一、二段：

古诗词是沉积在几千年中华历史中的珍宝。自去年央视举办《中国诗词大会》以来，社会上引发了一股学习古诗词的热潮，各地争相效仿举办古诗词背诵比赛活动，更有许多家长与学校着手将培养孩子成为武亦姝那样的诗词才女一事提上日程。

表面上看来，全国人民又重拾古典诗词，传统文化的继承发扬与创新似乎指日可待，然而细细思量，本人甚是恐慌。

**宜改为：**

我国的古诗词是在中华几千年历史中沉淀成的珍宝，去年央视举办的《中国诗词大会》，引发了一股学习古诗词的潮流，各地争相学习，举办古诗词背诵比赛，更有许多家长或学校着手将孩子培养成为像武亦姝那样的诗词人才一事提上日程。

表面上看来，众多国民重视古典诗词，传统诗词文化的发扬光大似乎指日可待，然而细细思量，本人不免担忧。

原稿第一段结尾句"更有许多家长与学校着手将培养孩子成为武亦姝那样的诗词才女一事提上日程"中的"才女"一词不符合生活实际，家长和学校不会一味地只培养女生，男孩子就不培养了吗？所以，要将"才女"改为"人才"。

原稿第二段中，"全国人民又重拾古典诗词"中的"全国人民"因词义外延过大而失真了，将它改为"众多国民"是恰当的。同时，"重拾"一词的言外之意是之前"拾"

过，当前的这些国民又是在哪个时代、在哪里"拾"过呢？这样一推敲，发现这个词也是不准确的，不如将"重拾"改为"重视"。

原稿第二段"本人甚是恐慌"中的"恐慌"词义过重，没有重大的人类或自然灾难，恐怕是不会引起"恐慌"的吧？宜将尾句改为"本人不免担忧"。

又如《雏鹰报》第三十期第二版一（18）班张××同学的作文《身后有座山》原稿的第五段：

到了家门口我掏出钥匙开了门，一股韭菜味扑面而来，继而又传来咚咚的切菜声。这时，你从厨房探出疲惫的脸，笑着说："回来啦！一会儿让你尝尝我亲手做的饺子，跟你妈妈做的绝对是一个档次。"说完就又忙着叮叮当当地做起了饺子。

## 宜改为：

到了家门口，我掏出钥匙开了门，一阵浓重的韭菜味扑面而来，继而又传来"咚咚咚——咚咚咚——"的剁馅声。这时，你从厨房探出疲惫的脸，笑着对我说："回来啦！一会儿让你尝尝我亲手做的饺子，跟你妈妈做的绝对是一个档次。"说完就又忙着"咚咚咚"地剁起馅来。

作者在原稿中通过父亲为自己亲手包饺子的事来表现父爱，选材很朴素，但有几处不符合生活实际。一是"韭菜味"前面用"一股"来形容不太恰当，韭菜是一种味道较重的菜，况且这里写的是用韭菜做成的饺子馅，那味道自然会更浓。所以将"一股"改为"一阵浓重的"才更符合生活实际，这也与下文的"扑面而来"相照应。二是"切菜"用"咚咚"来形容也不太符合生活实际。如果是切韭菜，那声音用"嚓嚓"或"嚓嚓嚓"来形容比较恰当，如果是在制作往韭菜里掺的肉糜或炒好的鸡蛋，那么在制作时菜刀会在砧板上发出"咚咚咚——咚咚咚——"的声音，所以将原稿的"咚咚"改为"咚咚咚——咚咚咚——"。三是做饺子用"叮叮当当"来形容也不符合生活实际，因为饺子不是金属质地。在这里，父亲的动作宜承接上面剁馅的动作，因为正常情况下，父亲正剁馅时儿子回来了，他是不会立即停下正在做的工作的，况且文中的父亲还急于在儿子面前表现一把，所以，这里改为"'咚咚咚'地剁起馅来"才比较真实。

# 第四讲

# 要弄明白外国文学中典故的含义

同学的作文中引用了一个古希腊的典故"达摩克利斯之剑"。

"达摩克利斯之剑"是个非常有名的故事。从前，西西里国王、希腊殖民者狄奥尼修斯二世，他统治着西西里最富庶的城市——叙拉古。他住在一座美丽的宫殿里，有无数美丽绝伦、价值连城的宝物，一大群侍从恭候两旁，随时等候吩咐。国王有个朋友名叫达摩克利斯，他常对国王说："你多幸运啊，你拥有人们想要的一切，你一定是世界上最幸福的人。"有一天，国王听腻了这样的话，便对达摩克利斯说："你真的认为我比别人幸福吗？那么我愿意跟你换换位置。"于是达摩克利斯穿上了王袍，戴上金制的王冠，坐在宴会厅的桌边。鲜花、美酒、稀有的香水、动人的乐曲，应有尽有，他觉得自己是世界上最幸福的人了。当他举起酒杯时，突然发现天花板上用马鬃倒悬着一把锋利的宝剑，尖端差点触到了自己的头。达摩克利斯身体僵住了，笑容也消失了，脸色煞白，双手颤抖，不想吃也不想喝了，他只想逃出王宫，越远越好。国王说："怎么了朋友？你怕那把随时可能掉下来的剑吗？我天天看见，它一直悬在我的头上，说不定什么时候什么人或物就会斩断那根细线。或许哪个大臣垂涎我的权力想杀死我；或许有人散布谣言让百姓反对我；或许邻国的国王会派兵夺取我的王位；或许我的决策失误使我不得不退位。如果你想做统治者，你就必须冒各种风险，风险永远是与权力同在的。"达摩克利斯说："是的，我知道了，除了财富和荣誉之外，你还有很多忧虑。请您回到您的宝座上去吧，我回我的家。"从此，达摩克利斯非常珍惜自己的生活。

这个典故所要说明的道理是：风险与权力并存，地位与能力相配。也表示人们应随时有危机意识，心中敲响警钟。

这个词并不是指客观存在的危险，而是指要保持危机意识。

我们在运用中国的典故时可能要容易一些，运用国外的典故时要困难一些，我们不妨集中地了解一些外国典故，以免用错。

你理解外国文学中这些典故的含义吗？

1. 阿喀琉斯之踵

2. 阿拉丁神灯

3.A 字第一号

4. 安泰

5. 奥吉亚斯的牛圈

6. 阿巴贡

7. 柏拉图式恋爱

8. 布利丹毛驴

9. 吃不到的葡萄总是酸的

10. 尘土之身

11. 超人

12. 出走的娜拉

13. 多余人

14. 大棒加胡萝卜

15 多米诺骨牌

16. 第二十二条军规

17. 俄狄浦斯情节

18. 鳄鱼的眼泪

19. 浮士德式的人物

20. 凤凰涅槃

21. 桂冠

22. 骨中之骨，肉中之肉

23. 光轮效应

24. 海妖之歌

25. 华尔街的"民意"

26. 护城神像

27. 红十字

28. 黑名单

29. 黑马

30. 和平鸽

31. 哈洛尔德式的冷漠

32. 滑铁卢

33. 喝了忘川的水

34. 回到破旧的木盆旁边

35. 哈姆雷特

36. 禁果

37. 极乐世界

38. 家可爱，家最好

39. 进来的人们，把一切希望抛弃吧

40. 金羊毛

41. 卡夫卡式的变形

42. 苦行僧

43. 客里空

44. 鲁滨孙

45. 蒙娜丽莎的微笑

46. 美狄亚

47. 缪斯

48. 迷惘的一代

49. 涅槃

50. 诺亚方舟

51. 哪里好，哪里就是祖国

52. 泥足巨人

53. 欧·亨利手法

54. 波皮利圈子

55. 苹果之争

56. 皮格马利翁效应

57. 潘多拉的盒子

58. 骑士精神

59. 认识自己

60. 沙龙

61. 顺着葡萄藤来的消息

62. 酸小姐

63. 山姆大叔

64. 斯芬克斯之谜

65. 十字架

66. 套中人

67. 堂吉诃德

68. 特洛伊木马

69. 乌托邦

70. 忘忧果

71. 武装到牙齿

72. 豌豆公主

73. 洗礼

74. 西西弗斯

# 第五讲

# 运用成语时要明本意、辨语境

如《雏鹰报》第一百四十七期第四版二（11）班李××同学的作文《以镜自审 开窗远望》原稿的第二段：

是窗子让我们看到外面的世界，是镜子让我们看到自己。远眺窗外如策马奔腾，而窥镜自审如千锤百练。

**宜改为：**

是镜子让我们看到自己，是窗子让我们看到外面的世界。窥镜自审应知自己还需千锤百炼，透窗远眺才见外面万马奔腾。

"策马奔腾"中的"策"指马鞭，也指用鞭赶马这一动作，这个成语的意思是用鞭子驱赶马匹，跳跃奔跑，也可用来形容一种豪爽、潇洒、无拘无束的感觉。而根据语境，这里是要表现透窗看到了外面更广阔的世界，所以，应该将"策马奔腾"改为"万马奔腾"。"万马奔腾"的意思是成千上万匹马在奔跑腾跃，形容群众性的活动声势浩大或场面热烈，符合透过"窗子"看到景象的特征。

"千锤百炼"比喻多次的艰苦斗争和考验，也比喻创作诗文时的反复推敲、修改，这是个动词性成语，原文"窥镜自审如千锤百练"从词性搭配上是可以的，但从表达的意思上看就不知所云了。在这里，作者想要表达的意思"窥镜自审"后发现了自己的不足，而不是一遍一遍艰苦地看镜子，所以，要将这句话改作"窥镜自审应知自己还需千锤百炼"，这样，语意才明白。

原文将"千锤百炼"中的"炼"误写作"练"，要注意。另外，改文对原文的语序也进行了调整，这既是为了照应题目，也是为了符合由"自我"走向"外面世界"的逻辑。

又如上文原稿第五段中的几句话：

杂交水稻之父袁隆平，一位值得青史垂名的科学家，在多次研究无果之后，仍怀着报效祖国，拯救人类的信念，他坚持把水稻做了下去。

**宜改为：**

袁隆平先生当初在多次研究超级杂交稻无果的情况下，仍怀着报效祖国、造福人类的信念，持之以恒致力于该技术的研究，最终创建了超级杂交稻技术体系，赢得了"杂交水稻之父"的美誉，青史垂名。

"青史"是指史书，"垂"是流传下去的意思，这个成语的意思是"在历史上留名，永垂不朽"，是个动词性成语，可以做谓语。原文"一位值得青史垂名的科学家"将它当作形容词用作定语是不恰当的，应该让它做谓语陈述主语"袁隆平先生"才是正确的。

上文原稿第五段中的这几句话还有几处需要修改：

将"杂交水稻之父"加上引号，因为这是对袁隆平先生的特定称谓。将"杂交水稻之父"这个称号放在段末，因为袁隆平先生当初研究杂交水稻时还没有这个荣誉称号。在"袁隆平"后加上"先生"，表达对科学家的尊敬。将"在多次研究无果之后"改为"当初在多次研究超级杂交稻无果的情况下"，增加了"当初""超级杂交稻"两个限定词，使语言严谨。"在……之后"强调的是时间点，"在……情况下"强调的是当时不利的客观情况，根据上下文表达的需要，这里强调不利的客观情况更能体现袁隆平坚持研究的可贵品质。将"拯救人类"改为"造福人类"，因为"拯救人类"词义太重。把"他坚持把水稻做了下去"改为"持之以恒致力于该技术的研究"，因为"把水稻做了下去"表意不明。增加"最终创建了超级杂交稻技术体系"一句，以明确袁隆平的科学贡献，使下文"赢得了'杂交水稻之父'的美誉"和"青史垂名"言出有据。

# 第六讲

# 例举的句子要能被主旨句统领

如《雏鹰报》第一百四十七期第一版一（24）班石××同学的作文《我也想成为国之骄傲》原稿的第四段：

寰宇一白雄鸡唱，拿云系日少年心。青年要以时代为剑，穿云破雾。青年要顽强拼搏，乐观自律。冬奥赛场上，我国18岁的运动员苏翊鸣摘得了一金一银，成为了中国的骄傲，正如他的名字一样，一鸣惊人。19岁的谷爱凌，摘得了两金一银，成为了我们的骄傲。"自律者，天助之。"谷爱凌坚持不懈的精神，再加上高度的自律，让她不仅在滑雪赛事上摘得桂冠，而且还获得了斯坦福大学的入学资格，成为了祖国的骄傲。

## 宜改为：

拿云系日少年心。在2020年北京冬奥会上，我国18岁的运动员苏翊鸣摘得一金一银，成为中国首个单板滑雪冬奥冠军，正如他的名字一样，一鸣惊人，成为祖国的骄傲。同样是在2020年北京冬奥会上，我国19岁的运动员谷爱凌，获得自由式滑雪女子大跳台和自由式滑雪女子U型场地两枚金牌，同时获得一枚自由式滑雪坡面障碍技巧银牌，她也成为祖国的骄傲。我们青年人精力充沛、朝气蓬勃，就要像苏翊鸣、谷爱凌一样，紧握时代之剑，在各自战线上披荆斩棘、折桂夺冠，成为国之骄傲。

原文中"寰宇一白雄鸡唱，拿云系日少年心"两句化用了唐代诗人李贺《致酒行》一诗中的句子。作者化用得尚不够恰当，因为李贺原诗中这两句诗并不在一个层面上，它们分属两个层面。李贺的原诗句是这样的：我有迷魂招不得，雄鸡一唱天下白。少年心事当拏云，谁念幽寒坐呜呃。原诗句的意思是：我是个执迷不悟的人，但听君一席话，茅塞顿开，犹如雄鸡一声啼叫天下大亮一样；少年应当有凌云壮志，谁会怜惜你困顿独处、唉声叹气呢？作者化用的这两句显然是用来作本段中心句的，而下面所举苏翊鸣、谷爱凌的事例都没能表现"执迷不悟""茅塞顿开"的内容，也没有"困顿独处、唉声叹气"让人"怜惜"的内容，所以，这里可以删去"寰宇一白雄鸡唱"，让"拿云系日少年心"作中心句，并将下文中与"拿云系日少年心"无关的诸如表现"自律""坚持不懈"等内容删去。

这一段还有几处需要修改：

　　将两个事例写详细一些以增强说服力，比如事例发生的时间、赛事的具体名称、获奖名称、获奖级别等内容要写详细。另外，在两位运动员名字前加上"我国"，将原文中的"中国"改为"祖国"，这样更能表达作者的自豪感，更符合文段的感情色彩。

　　将"青年要以时代为剑"改为"青年要紧握时代之剑"，因为"以时代为剑"是把"时代"比作"剑"，而时代是个抽象的时间名词，"剑"是个具体的实物名词，两者无可比性，更无相似性，不能构成比喻。改作"时代之剑"，让"时代"修饰"剑"是可以的。

　　将"成为了"改为"成为"，因为"成为"是由意义相近的"成"和"为"两个词构成的合成词，已经表示动作完成，没有必要再加表示完成时态的助词"了"。但是，如果想用"了"的话，就不必再用"为"了，直接写作"成了"就可以了，否则会造成语意重复。

　　将"穿云破雾"改为"披荆斩棘"，"穿云破雾"指冲破云层，突破迷雾，它既可比喻突破重重障碍和困难，又可形容声音高亢嘹亮，无论哪个意思，与它前面比喻句中"剑"的意象都不搭配，改为"披荆斩棘"就搭配了。

　　增加"我们青年人精力充沛、朝气蓬勃，就要像苏翊鸣、谷爱凌一样，紧握时代之剑，在各自战线上，披荆斩棘、折桂夺冠，成为国之骄傲"一句，既是为了对例子进行分析，也是为了让例子与中心观点结合起来，还是为了扣题。

## 第七讲

# 记叙文中的道理要与记事相融合

记叙文中引用的名言、喻证的道理，要与所记叙的事、所刻画的人融合起来，不能是两张皮儿。

比如《雏鹰报》第五十一期第四版一（16）班刘××同学的作文《曾经被我忽视的世界》原稿第四段中有这样一句话：

我像风筝一样飞向远方，飞向天空，但始终离不开母亲那根线的牵引，也离不开母亲的提醒与牵挂。

**宜改为：**

风筝飞向远方的天空，但始终离不开那根牵引的线，母亲时时的提醒与牵挂就是我高飞时的线。

该段中用"风筝飞向远方时需要线的牵引"来比喻母亲对"我"的提醒与牵挂，很形象，但两者之间缺乏相应的关联性词句，这样，比喻的道理和所写的人、事之间的逻辑关系就显示不出来。可以改为"风筝飞向远方的天空，但始终离不开那根牵引的线，母亲时时的提醒和牵挂就是我高飞时的线"。

修改后，用了类比手法，拿"线"对风筝的重要性来比喻"母亲时时的提醒与牵挂"对"我"展翅高飞的重要性，相似点很明晰，行文就晓畅了。

再如上文原稿第五段中有这样几句话：

自信人生二百年，会当水击三千里。建立自信心是非常重要的，学习是一个循序渐进的过程，每个人都不是天才，成绩的优异也是靠后天的努力勤奋拼出来的。临近中考母亲坐了两个小时的车来给我送饭，看着母亲嘴角的微笑，即将考试的紧张感也随之而去。

**宜改为：**

"自信人生二百年，会当水击三千里。"母亲常用这句话告诉我建立自信心的重要性。她说："学习是一个循序渐进的过程，每个人都不是天才，你要坚信，优异的成绩是靠后天的努力拼出来的。"临近中考，母亲坐了两个小时的车来给我送饭，又提到这句话，看着母亲嘴角那自信的微笑，即将考试的紧张感随之散去。

　　上面这几句话，引用了名言固然是好的，但该名言与母亲对"我"的影响这层意思之间缺乏逻辑联系，不如将这句名言写成是母亲告诉"我"的，接下来将母亲给"我"送饭这件事与这句名言中有关"自信"的话题再关联起来，行文就流畅多了。

　　上段其他几处修改如下：

　　将"成绩的优异"改为"优异的成绩"，因为"优异"是形容词，做定语时要放在被修饰的中心词"成绩"的前面。另外，后面"也是"中的"也"字要删去，因为上文没有与之照应的内容。

　　"努力"与"勤奋"并用，语意重复了，可以删去"勤奋"。

　　"临近中考"是前置的时间状语，把时间状语前置是为了强调时间，这时候，前置状语与主语之间要用逗号隔开。

　　"也随之而去"中的"也"字应删去，因为前面没有与之照应的内容，也就是说，上文没有什么东西"随之而去"了，所以，这里不能用"也"。另外，宜将"去"字更换为"散"字，因为该句的主语是"紧张感"，更换后，搭配得当。

# 第八讲

# 笔端宜含情

如《雏鹰报》第一百四十七期第二版一（17）班杨××同学的作文《我也想成为国之骄傲》原稿的第五段：

"初心"在最近一段时间成了讨论的热点。"初心"究竟是什么呢？是最初的想法吗？实际上，人们做一件事并不总是按照既定的轨道行进，可能会偏航。比如，当今的某些综艺节目，并不是为了让人们在闲暇时间放松的，而是单纯为了在收视率竞争中拔得头筹，他们的目的已经不单纯了，丧失了他们的初心。

宜改为：

"初心"在最近一段时间成了人们讨论的热点。"初心"究竟是指什么呢？是最初的想法吗？远不是那么简单！实际上，人们做一件事时并不总是按照既定的轨道行进，可能会严重做偏。比如，当今某些地方台举办综艺节目，打着艺术的幌子，却干着敛财的勾当，这些节目非但不能给人们带来艺术享受，甚至连一点儿娱乐也带不来，举办者纯粹是为了在收视率竞争中赚得盆满钵满。这些举办者的动机不单单是不纯，简直是完完全全背离了从艺者的初心。

原文语言基本上是客观冷静的分析，改后的语言就增加了感情色彩。比如增加的"远不是那么简单"既否定了某些人把"想法"当初心的错误认识，又强调了保持"初心"的难度。将原文中的"偏航"改为"严重做偏"，既纠正了"偏航"同"做一件事"不搭配的问题，也再次突出了不保"初心"的不良后果。增加的"打着艺术的幌子，却干着敛财的勾当，非但不能给人们带来艺术享受"等内容是为了对这种不良现象直接揭批，感情色彩很强烈。将"单纯"改作"纯粹"，增加"赚得盆满钵满""不单单""简直""完完全全"等也都是为了增加感情色彩。

这一段还有几处需要修改：

在"最近一段时间成了讨论的热点"一句中"讨论"的前面加上主语"人们"使句子结构完整。

在"人们做一件事并不总是按照既定的轨道行进"一句中，"一件事"的后面应该加上"时"字，让"做一件事时"作状语，保持全句的主语"人们"不改变，否则，这句话的主语成了"人们做一件事"，这样，这个句子的主干是"人们做一件事不行进"，显然出现了"搭配不当"的语病。

将"并不是为了让人们在闲暇时间放松的"改为"甚至连一点儿娱乐也带不来"，这样既照应了上文的"娱乐节目"，又使表意明白。

将"拔得头筹"换作"赚得盆满钵满"。"拔得头筹"的意思有两个，一是在某种有意义的活动或竞赛中获得第一名，二是在比赛的环节中首先抢得好的机会，获得优势。这两个意思都是褒义词，所以，"拔得头筹"用在这里感情色彩不当，换为"赚得盆满钵满"能将意思表达得真切、具体。

将"他们的目的"改为"这些举办者的动机"，这样，既呼应了上文"某些地方台举办综艺节目"，又明确了批判对象，语言更严谨。

将"丧失了他们的初心"改为"背离了从艺者的初心"表意更准确。因为"他们的初心"在这个语境中指"盈利"，这样看来，他们并没有"丧失初心"。将"他们"改为"从艺者"，指代明确，含着对虚假艺术者的批判。

# 第九讲

## 排比的几个句子要注意逻辑语序

如《雏鹰报》第一百四十七期第四版三（20）班王××同学的作文《小我与大我齐飞，奋斗共幸福一色》原稿的第五段：

为天地立心是一种幸福，山河依旧战旗红是一种幸福，王师北定中原日更是一种幸福。我想表达的是，像习近平总书记不负人民是一种幸福，像我青年为建设祖国而努力学习是一种幸福，像广大劳动人民建设祖国亦是一种幸福。愿广大青年能将小我融入大我，为实现中华民族伟大复兴而接续奋斗。

### 宜改为：

"为天地立心"是幸福，"王师北定中原日"是幸福，"河山依旧战旗红"更是幸福。在这里，我想要表达的是，像习近平总书记那样不负人民是幸福，像广大劳动人民一样建设祖国亦是幸福，我们青年学生为将来能更好贡献祖国而努力地学习也是幸福。愿我们能将小我融入大我，为实现中华民族伟大复兴而幸福地奋斗。

原文有两处运用了排比，运用排比时要特别注意语句的排列顺序。在第一处排比中，要调整"河山依旧战旗红"与"王师北定中原日"的语序，因为说这两句话的人不仅生活的年代有先后，而且语意也有轻重之别，一般要按时间先后和语意由轻到重的顺序排列。在第二处排比中，要将"青年为建设祖国而努力学习"的幸福放在"广大劳动人民建设祖国"的幸福后面，这样，先写总书记的"不负人民"，再写广大人民群众的建设祖国，再写青年学生的努力学习、接续奋斗，符合事理逻辑。

这一段还有几处需要修改：

将原文中的几个"是一种"删去。这里的"幸福"是名词，指生活境遇等称心如意，引起幸福感受的原因可能不同，因而也可以将幸福分类，比如亲情的温暖，事业的成功，工作的顺利等等。原文中无论是"为天地立心"，还是"王师北定中原日"，还是其他的几种情况，表现的基本上是"为国为民为他人"奉献而产生的幸福感，统而言之是一种"利他"行为产生的愉悦感，不细分种类，才有利于聚焦论证的核心。所以，将原文中的"是一种"删去，让核心观点统一为"幸福"。

将原文中"山河依旧战旗红"中的"山河"改为"河山"。这句话是朱德总司令《赠友人》一诗中的句子。原诗共四句：北华收复赖群雄，猛士如云唱大风。自信挥戈能退日，河山依旧战旗红。朱总司令用这首诗表达对抗战中取得伟大业绩的抗日根据地广大军民的赞颂，字里行间充满了对抗日根据地军民的依赖和期待之情。引用的内容要忠实于原文。

将"为天地立心""王师北定中原日""河山依旧战旗红"用双引号引起来，因为这三句话分别是北宋张载、南宋陆游和朱德总司令的原话，用引号表示直接引用，表达更准确。

将"更"字调整到"河山依旧战旗红"的幸福上来，因为这是展望抗日胜利后的幸福，是新民主主义革命取得阶段性重大胜利带来的幸福，从意义上看，比"王师北定中原日"所表现的封建王朝抵御边患、收复失地的幸福程度要深得多。

将"青年"改为"青年学生"，"青年"的概念过大，并且与"广大劳动人民"语义有交叉，根据下文写到的"学习"行为，将"青年"改为"青年学生"更准确。

# 第十讲

# "这是一种"要慎用

如《雏鹰报》第一百四十七期第四版三（20）班王××同学的作文《小我与大我齐飞，奋斗共幸福一色》原稿的第五段：

为天地立心是一种幸福，山河依旧战旗红是一种幸福，王师北定中原日更是一种幸福。我想表达的是，像习近平总书记不负人民是一种幸福，像我青年为建设祖国而努力学习是一种幸福，像广大劳动人民建设祖国亦是一种幸福。愿广大青年能将小我融入大我，为实现中华民族伟大复兴而接续奋斗。

**宜改为：**

"为天地立心"是幸福，"王师北定中原日"是幸福，"河山依旧战旗红"更是幸福。在这里，我想要表达的是，像习近平总书记那样不负人民是幸福，像广大劳动人民一样建设祖国亦是幸福，我们青年学生为将来能更好贡献祖国而努力地学习也是幸福。愿我们能将小我融入大我，为实现中华民族伟大复兴而幸福地奋斗。

这里的"幸福"是名词，指生活境遇等称心如意，引起幸福感受的原因可能不同，因而也可以将幸福分类，比如亲情的温暖，事业的成功，工作的顺利等等。原文中无论是"为天地立心"，还是"王师北定中原日"，还是其他的几种情况，表现的基本上是"为国为民为他人"奉献而产生的幸福感，统而言之是一种"利他"行为产生的愉悦感，不细分种类，才有利于聚焦论证的核心。所以，将原文中的"是一种"删去，让核心观点统一为"幸福"。

# 第十一讲

# 赘余——防不胜防的语病

如《雏鹰报》第五十二期第一版三（10）班崔××的作文《真正的信仰》原稿第五段最后一句：

喚醒我们体内的潜能，保持我们的永明之眼，勇行之心。

**宜改为：**

激发我们的潜能，使我们的眼睛永远保持明亮，内心永远保持勇敢。

"潜能"即潜隐在体内的能力，所以，原句中"潜能"一词前面的"体内的"属于赘余。此句宜改为：激发我们的潜能，使我们的眼睛永远保持明亮，内心永远保持勇敢。

又如，上面这篇文章原文第一段中有这样一句话：这些邪教阴影笼罩下的所谓的信仰并非是真正的信仰。这句话中的"并非是"属于赘余，因为"非"的意思是"不是"，这就与"并非是"中的"是"重复了，所以要删去这个"是"字。

再比如《雏鹰报》第五十二期第二版二（20）班李××同学的作文《怀念我的奶奶》原稿第三段最后一句：

后来慢慢的，我长大了，觉得有一个疯子奶奶似乎是一件丢人的事，不再想要和她亲密。

**宜改为：**

后来，慢慢地，我长大了，觉得有一个疯子奶奶似乎是一件丢人的事，不再想和她亲密接触了。

上面这句话中的"想要"用语重复，因为"想"和"要"在这里都表达主观上打算怎么样的意思，保留一个"想"字就可以了。

又比如，《雏鹰报》第五十二期第三版一（15）班韩×同学的作文《曾被我忽视的世界》原稿第六段第一句：

一天中午，我正在吃午饭。

**宜改为：**

一天中午，我正在吃饭。

原文中这句话前面已经有了"中午"，后面再用"午饭"就赘余了。

再比如，《雏鹰报》第四十七期第四版二（3）班沈×同学的作文《梧桐》原稿的第五段：

老李头抹了一把汗，锄草，培苗，阳光在他花白的头发上镀上一片金黄。老李头黯黯地盯着天空出神，顺应西部大开发的热浪，工程队地质勘探时，一眼就看中这片梧桐林，听说要高价买下这片林子，村里人都相互庆贺着要发大财，可偏老李头高兴不起来。他想，这片林子就是他的命。

**宜改为：**

老李头抹了一把汗，锄草，培苗，阳光把他花白的头发镀上了一层金黄。老李头黯黯地盯着天空出神。顺应西部大开发的热潮，工程队勘探地质时，一眼就看中这片梧桐林，听说要高价买下这片林子，村里人都相互庆贺着要发大财了。老李头偏高兴不起来，他认为，这片林子就是他的命。

原文"可偏老李头高兴不起来"一句中的"可"与"偏"都表示轻微的转折，两个词同时用就赘余了。

你能修改下列语句中的赘余（语意重复）吗？（解析见本书附录1）

1. 被人贻笑大方。
2. 不堪忍受歧视与侮辱。
3. 并非是。
4. 被入选。
5. 被惑于。
6. 背地里阳奉阴违。
7. 保底不低于150万元。
8. 不必要的浪费。
9. 白白地虚度。
10. 报刊杂志。
11. 彼此息息相关。
12. 不期而遇地邂逅。
13. 不言而喻的潜台词。
14. 不虞之誉的称赞。
15. 百姓民不聊生。
16. 不熟悉的新情况。
17. 不期而遇地遇见。
18. 避免不受侵害。
19. 不合格的伪劣产品。
20. 不透明的暗箱操作。
21. 出乎意料之外。
22. 长期以来的夙愿。
23. 除了……之外。
24. 葱绿的大葱。
25. 从心里由衷感谢。
26. 出自于。
27. 沧海桑田的巨变。
28. 出奇制胜获取胜利。
29. 成鼎足之势对峙着。
30. 从此一劳永逸。
31. 常常屡见不鲜。
32. 多年的夙愿。
33. 大好良机。
34. 多余的废话。
35. 到此光临。
36. 第一次破天荒。
37. 得以能够实现。
38. 独自孑然一身。

39. 大家众所周知。

40. 第一部处女作。

41. 当务之急的工作。

42. 到会的 15 名与会者。

43. 到处是漫山遍野的……

44. 对多年收藏的宝贝如数家珍。

45. 大家有口皆碑。

46. 大家众所周知。

47. 大约……左右。

48. 大约……上下。

49. 大概……左右。

50. 多虑的想法。

51. 杜绝不要大吃大喝。

52. 耳目一新的全新感觉。

53. 否则不这样。

54. 非常奇缺。

55. 非常巨大。

56. 过分苛求。

57. 付诸于流水。

58. 防止不要发生事故。

59. 非法走私枪支。

60. 共同协商。

61. 过度酗酒。

62. 国际间。

63. 过高的奢望。

64. 更加无比重要。

65. 各自分道扬镳。

66. 更加至关重要。

67. 过于溺爱。

68. 公开宣称。

69. 耿耿于怀，至今难忘。

70. 各种形形色色。

71. 感到爱莫能助。

72. 更加变本加厉。

73. 过于斤斤计较。

74. 感激涕零地流下眼泪。

75. 更加弥足珍贵。

76. 过分的溢美之词。

77. 感到自惭形秽。

78. 互相厮打。

79. 好像没听到似的充耳不闻。

80. 浑身遍体鳞伤。

81. 忽然茅塞顿开。

82. 寒舍蓬荜生辉。

83. 还记忆犹新。

84. 好像如芒在背。

85. 好像如数家珍。

86. 很是弱不禁风。

87. 还意犹未尽。

88. 还风韵犹存。

89. 还言犹在耳。

90. 怙恶不悛，不思悔改。

91. 黄发垂髫的孩童。

92. 见诸于。

93. 酒水和饮料。

94. 极其罕见。

95. 截至到。

96. 举足轻重的重要作用。

97. 基本差强人意。

98. 接踵而至地闯进来。

99. 津津乐道地说。

100. 居室蓬荜生辉。

101. 进行添枝加叶。

102. 觉得习以为常。

103. 觉得心安理得。

104. 截止日期的最后一天。

105. 绝非是。

106. 将近快要 80 岁了。

107. 见诸于报刊。

108. 凯旋归来。

109. 开始启动。

110. 可堪称。

111. 刻骨铭心地难忘。

112. 口若悬河地说。

113. 可以堪称上乘之作。

114. 历历在目地呈现在眼前。

115. 略加删改一些。

116. 来自于。

117. 连续不断地纷至沓来。

118. 量力而行地去做。

119. 留下的遗产。

120. 没想到受到不虞之誉。

121. 每天日理万机。

122. 免费赠送。

123. 每天都在发生着日新月异的变化。

124. 名声如雷贯耳。

125. 扪心自问自责。

126. 满腹经纶的学识。

127. 名列第一，独占鳌头。

128. 美丽得如花似玉。

129. 没有报酬的义务劳动。

130. 目前的当务之急。

131. 难言之隐的苦衷。

132. 您的令尊。

133. 您的令堂。

134. 您的令爱。

135. 您的令郎。

136. 年轻的小伙子。

137. 偶然邂逅。

138. 偶然萍水相逢。

139. 平凡的芸芸众生。

140. 前来光临指导。

141. 前来莅临指导。

142. 亲眼目睹。

143. 全身被打得遍体鳞伤。

144. 切忌不要贪睡。

145. 全部囊括。

146. 亲密的挚友。

147. 群众民怨沸腾。

148. 潜移默化地影响着。

149. 茕茕孑立一个人。

150. 全部完璧归赵。

151. 勤俭节约的风气蔚然成风。

152. 庆祝国庆 70 周年。

153. 亲自耳闻目睹。

154. 切忌不可喝生水。

155. 岂非是。

156. 热切渴望。

157. 人民生灵涂炭。

158. 如果一旦。

159. 日夜朝夕相处。

160. 任重道远的责任。

161. 让人看得眼花缭乱。

162. 人民生活得安居乐业。

163. 人际间。

164. 忍俊不禁地笑起来。

165. 人为地蓄意破坏。

166. 让人贻笑大方。

167. 十分炎热。

168. 十分万恶。

169. 十分优异。

170. 十分罕见。

171. 涉及到。

172. 使他利令智昏。

173. 十年大浩劫。

174. 杀人的刽子手。

175. 胜利的捷报。

176. 十分酷爱。

177. 随便苟同。

178. 说得闪烁其词。

179. 三令五申地强调。

180. 实属是。

181. 诉诸于武力。

182. 随意漫谈。

183. 突然恍然大悟。

184. 特别穷凶极恶。

185. 突然声名鹊起。

186. 提出质疑。

187. 突然不期而遇。

188. 万一若。

189. 卫生洁具。

190. 无故旷课。

191. 我的拙作。

192. 我俩个。

193. 无声的潜台词。

194. 妄自菲薄自己。

195. 卫冕桂冠。

196. 为了……的目的。

197. 无用的废话。

198. 我的寒舍

199. 我的舍弟。

200. 我的贱内。

201. 我的家严。

202. 我的愚作。

203. 我的愚见。

204. 我自己扪心自问。

205. 悬殊很大。

206. 先进楷模。

207. 相互分手。

208. 下地参加割麦。

209. 邂逅相遇。

210. 显得相形见绌。

211. 小小的弹丸之地。

212. 现在的当务之急。

213. 迅速立竿见影。

214. 相互钩心斗角。

215. 迅速声名鹊起。

216. 显得等而下之。

217. 想尽千方百计。

218. 羞愧得无地自容。

219. 心里无动于衷。

220. 像土崩瓦解一样。

221. 习以为常的习惯。

222. 许多芸芸众生。

223. 许多莘莘学子。

224. 许多群众走上街头。

225. 一致公认。

226. 尤其更。

227. 有助于对。

228. 因为……的原因。

229. 约 20% 左右。

230. 一天天日臻完善。

231. 一场南柯一梦。

232. 由于他咎由自取。

233. 一起并驾齐驱。

234. 有意充耳不闻。

235. 溢于言表之外。

236. 用尽千方百计。

237. 一天一夜通宵达旦。

238. 眼睛望穿秋水。

239. 远近闻名遐迩。

240. 与……相比相形见绌。

241. 一览无余地看到。

242. 一气呵成地完成。

243. 一起同归于尽。

244. 以邻为壑，嫁祸风险。

245. 优秀的传统美德。

246. 引起了某些不必要的疾病。

247. 众多莘莘学子。

248. 这其中。

249. 这其间。

250. 致信给某某。

251. 值得可歌可泣。

252. 正在进行打印。

253. 这个中原因。

254. 终于就。

255. 正方兴未艾。

256. 最高顶点。

257. 做出好的表率。

258. 真知灼见的意见。

259. 灾民哀鸿遍野。

260. 在出现问题之前就未雨绸缪。

261. 座位座无虚席。

262. 责无旁贷的责任。

263. 自然地水到渠成。

264. 值得可圈可点。

265. 值得可喜可贺。

266. 至少……以上。

267. 这些房屋将等待拍卖。

268. 这现象令人堪忧。

269. 再次复发时要服中药。

270. 遭到挨打。

## 第十二讲

# 自造词容易使文章不晓畅

如《雏鹰报》第五十二期第一版三（10）班崔××的作文《真正的信仰》原稿第五段最后一句：

唤醒我们体内的潜能，保持我们的永明之眼，勇行之心。

**宜改为：**

激发我们的潜能，使我们的眼睛永远保持明亮，内心永远保持勇敢。

原稿中"永明之眼"和"勇行之心"两词的结构很整齐，但属于自造词语，它们的意思令人费解，读起来也拗口，不如将这两个词明确地陈述为"眼睛永远保持明亮"和"内心永远保持勇敢"。

再如《雏鹰报》第三十四期第四版三（17）班王××同学的作文《坚守初心》原稿的第九段：

"世人皆醉我独醒，举世皆浊我独清。"无论世事何变，不变的都是对本心的坚守。每个人都争做时代的弄潮儿，殊不知真正的弄潮儿应是对本心的坚守者，"弄潮儿向涛头立，手把红旗旗不湿。"唯有坚守本心，才能在人生路上走得更远，走得更好。

**宜改为：**

"世人皆醉我独醒，举世皆浊我独清。"无论世事如何变幻，不变的应该是对初心的坚守。每个人都愿意争做时代的弄潮儿，真正的弄潮儿首先应是对初心的坚守者。"弄潮儿向涛头立，手把红旗旗不湿。"这红旗就是方向，就是理想，就是初心。唯有坚守初心，才能在人生路上走得更坚实，走得更高远。

原稿"无论世事何变"中的"何变"也是作者的自造词，作者想表达的意思是"如何变幻"，那么，不妨将它直接表述为"如何变幻"，这样语意明确，音节也和谐，也符合现代汉语的规范。

又如《雏鹰报》第三十四期第一版三（12）班段××同学的作文《留住书香》原稿的第一段：

你读书的时候，你读的是什么？史学家说：我读的是千秋万代，兴盛衰败。科学家说：我读的是未来无限，创新无境。经济学家说：我读的是金钱社会，充满铜臭又引人入胜。文艺青年说他读的是情怀。都市白领说他读的是效率……

书就是这样，散发着无穷魅力。然而，随着人类文明的高度发展，当纸质书撞上内容丰富又方便的电子书，何去何从？

## 宜改为：

捧一本纸质书，你读的是什么？史学家说：我读的是千秋万代事、兴衰成败理。科学家说：我读的是未来无限好、创新无止境。经济学家说：我读的是经贸往来、市场变幻。文艺青年说：我读的是梦想，是情怀。都市白领说：我读的是速度，是效率。书就是这样，于墨香中散发出无穷魅力。然而，随着科技的飞速发展，当纸质书撞上内容丰富又携带方便的电子书，墨香是否还能依旧？

原稿"创新无境"中的"无境"是自造词。作者想表达的意思是"无止境"，不妨直接把这个词换为"无止境"。

## 第十三讲

# 行文用语不可空洞无物

如《雏鹰报》第一百四十七期第一版一（24）班石××同学的作文《我也想成为国之骄傲》原稿的第六段：

青年一代的我们，有责任，有理想，有担当。青年一代的我们，披荆斩棘，砥砺前行。青年一代的我们，扬帆奋起，共向未来。青年一代的我们，执笔书写人生华章。

**宜改为：**

我认为，要想让自己成为国之骄傲，必须学会担责。在家中作为女儿，我要担起孝亲之责。不能减轻父母工作的劳累，但可以帮父母做一些力所能及的家务，整理整理房间，打扫打扫庭院，分担父母的辛苦。为父母做顿饭，烧杯水，揉揉肩膀捶捶背。在学校作为学生，我要担当勤奋学习之责。珍惜时间，抓好预习、听讲、复习三环节，深钻细研，不懂就问，夯实基础，不断拔高，为将来能胜任社会工作勤学不辍。待到学业完成，我定然要担当起建设社会主义祖国之责。我决不会好高骛远，决不会拈轻怕重，我要一心为公，服务人民，将"人民就是江山，江山就是人民"的理念当作我的工作指南，化为我的具体行动，全心全意为人民服务。这样，我就可以骄傲地说我是中国优秀青年，我是国之骄傲。

这一段中的"有责任，有理想，有担当"，"披荆斩棘，砥砺前行"，"扬帆奋进，共向未来"，"执笔书写人生华章"等词句大多是比较抽象的。恰当地使用抽象词句，能起到画龙点睛的作用。但过多地使用这样的词句，缺少与之相应的例证，就会使文章变得空洞。另外，一个段落要聚焦一个中心，其余内容都要围绕这个中心来写，这样才能做到"言之有物"。"有责任，有理想，有担当"一句含有"责任""理想""担当"三个中心，这样往下就很难选用恰当的论证材料。联系全文的主旨，可以将本段的中心论点缩减为"担责"，然后从不同角度写自己应该如何担责，比如可以从自己现在作为子女、学生，将来作为社会工作者的角度谈如何担责才能成为国之骄傲。这样，开口小，容易组织材料，文章的针对性也更强。标题是《我也想成为国之骄傲》，文章中就一定要有"我"，所以将原文中"青年一代的我们"改为"我"，当然，文章中用作论据的材料也应该与"我"有关。

# 第十四讲

# 文白夹杂不可取

现代汉语与古代汉语是两套不同的语言表达体系，写作时不宜混杂使用。

如《雏鹰报》第一百四十七期第三版二（5）班王××同学的作文《适度留白方能行稳致远》原稿的第三段：

适度留白应于家庭教育。学生犹如萌芽之种，父母望其成为参天之木，此心诚可谅，但若浇水过多，则苗溺，若施肥过频，则苗萎，若拔苗助长，则苗亡。浇水之过，乃是父母施加于学生的压力过大，施肥过频，乃是父母为学生报名各种补习班、特长班、"兴趣班"……拔苗助长，乃是父母用自以为正确的方式来剥夺学生自由，强行干涉学生学习、生活。父母给予学生适当压力有利于学生的成长，但若未把握好"适度"，便会适得其反，造成"苗溺""苗萎"乃至"苗亡"的局面。因而，适度留白应于家庭教育。

**宜改为：**

适度留白的原则适应于家庭教育。学生如幼芽，父母盼望他们长成参天大树，这种心情实在可贵。但是，如果浇水过多苗芽就会被水淹；如果施肥过频，苗芽就可能会被化肥腐蚀而枯萎；如果拔苗助长，那么苗芽就一定会死亡。这里"过多浇下的水"就是父母施加给子女的过大压力。这里"过多施下的肥"就是父母为子女报的各种补习班、特长班、兴趣班。这里拔苗助长的行为就是父母用自以为是的方式制定的违背科学规律的目标。父母给孩子适当的压力有利于孩子成长，但如果把握不好"度"，便会适得其反，造成"苗溺""苗萎""苗亡"的悲剧。所以，家庭教育还是要适度留白的。

原文中的"望其""此心诚可谅""但若""则苗溺""浇水之过""乃是"等词语属于古代汉语词语，要把它们改为现代汉语词语。

也可以将原稿这段话改成文言文：

学子犹苗芽，父母冀其参天，诚可贵也。而灌沃甚则苗溺，施肥频则苗萎，偃苗急则苗亡。灌沃者，父母之高压也；频施者，纷杂之辅导班也；偃苗者，父母之急就也。故曰：家教须留白。

原稿这段话还有其他几处修改：

原文首尾两处"适度留白应于家庭教育"中的"适度留白"是动词性词语，在这里让它们作句子主语不太恰当，宜将"适度留白"改为"适度留白的原则"。另外，"应于"应该改为"适应于"。

　　"学生犹如萌芽之种"和"此心诚可谅"两处让人费解，宜依次改为"学生如幼芽""这种心情实在可贵"。

　　"若浇水过多，则苗溺，若施肥过频，则苗萎，若拔苗助长，则苗亡"一句讲了三层意思，三层意思之间应该用分号隔开。

　　"浇水之过，乃是父母施加于学生的压力过大"一句有语意重复和杂糅两种语病，要删去"乃"，并将"过大"调到"压力"前面。

　　"兴趣班"不必加引号。

　　"造成'苗溺''苗萎'乃至'苗亡'的局面"中的"造成"和"局面"搭配不当，可以将"局面"改为"悲剧"。

# 第十五讲

# 用词要注意语意照应

如《雏鹰报》第五十二期第三版一（19）班宋××同学的作文《曾被我忽视的世界》原稿第二段的第一句：

开始跑步了，我看着前面遥不可及的终点，刹那间就像泄了气的皮球，勇气早已消失不见。

**宜改为：**

开始跑步了，我看着前面遥不可及的终点，刹那间就像泄了气的皮球，勇气立马消失不见。

原文中"刹那间"与"早已"在时间上矛盾，可以将"早已"改为"立马"，这样，与"刹那间"才是呼应的。

人称代词更要注意前后呼应，不可出错。

如《雏鹰报》第五十二期第三版一（15）班韩×同学的作文《曾被我忽视的世界》原稿倒数第三段：

一天中午，我正在吃午饭。突然，手机铃声响起。抬眼望去，手机屏幕上是"快递"二字。早不送，晚不送，偏偏吃饭的时候送。我有些生气，但人家既然来了，只能去接。迅速换好鞋子，我一路小跑到小区门口停着的一辆快递车。"你好，取快递。"我说。"您的手机号码？"我报了手机号码，于是她开始在车中灵巧地翻找着我的包裹。太阳很毒，街道上空无一人，知了不耐烦地唱着聒噪的曲子。我看到他脸上密布汗渍，不断地汇成汗滴，如穿线圆珠般打在车上，发出"啪、啪"的响声。我突然觉得他们挺不容易的。忽然，她转过身来，递来一个包裹："您的快递，请签字。"可我失手错过她递来的笔。正要俯身捡，她却自己捡了起来。

**宜改为：**

一天中午，我正在吃饭。突然，手机铃声响起。抬眼望去，手机屏幕上显示出"快递"字样。早不送，晚不送，偏偏吃饭的时候送。我有些生气，但人家既然来了，只能去接。我迅速换好鞋子，一路小跑到小区门口，那里正停着一辆快递车。"你好，取快递！"我说。"您的手机号码？"我报了手机号码，于是她开始在车中灵巧地翻找我的包裹。

太阳很毒，街道上空无一人，知了不耐烦地唱着聒噪的曲子。我看到她脸上密布汗渍，汗渍不断地汇成汗滴，如断线圆珠般打在车上，仿佛发出"啪、啪"的响声。我突然觉得她挺不容易的。忽然，她转过身来，递来一个包裹："您的快递，请签字。"我却失手错过了她递来的笔。我正要俯身捡，她已经麻利地捡了起来。

原稿的上文在指代快递员时用"她"字，下文又指代同一个快递员时却用了"他""他们"，这就是很明显的前后人称代词不呼应现象了，一定要改过来。

# 第十六讲

# 情景格调要协调

如《雏鹰报》第五十二期第三版一（19）班宋××同学的作文《曾被我忽视的世界》原稿第一段的第一句：

树叶像一只只蝴蝶从枝丫上纷纷扬扬地飘落下来，在空中转了个灵巧的圈，缓缓地落在地上，校园里的一切都染上了一层朦胧，气氛压抑沉重，我的胸口像堵了块大石头，我想释放却又无能为力。

**宜改为：**

几片树叶从枝丫间飘落下来，在空中转了几个身，又缓慢地落在地上。校园里的一切都染上了一层朦胧，气氛压抑沉重。我的胸口像堵了块大石头，想释放却又无能为力。

原稿"树叶像一只只蝴蝶从枝丫上纷纷扬扬地飘落下来"描写的是一个欢快的动态场景，与第二句表现的朦胧、压抑、沉重的气氛和"胸口堵了块大石头"般的感受不太协调。可以将第一句大场面的动态景改写成偏于寂寥的小场景。比如改为：

几片树叶从枝丫间飘落下来，在空中转了几个身，又缓慢地落在地上。

这样，取点不取面，以动衬静，以树叶不得不落的无奈映衬"我"体育测试成绩一直难以突破的无望，情景格调就比较协调了。

## 第十七讲

# 要剔除段落中的游离句

一句话在语义上应该有一句话的侧重点，几句话构成的一个段落也应该有这个段落的中心。也就是说，一个段落中的若干个句子都是为这一段的中心服务的，不能体现这个段落中心的句子就是游离句，要删去。

如《雏鹰报》第五十二期第三版一（15）班韩×同学的作文《曾被我忽视的世界》原稿倒数第二段：

我忽然有些感动，泪水湿润了眼眶。这么热的天，我们吃饭的时候，他们却依然在为我们服务，而且是那么的认真负责，没有丝毫的不耐烦。我突然感到普通人也有自己的尊严与执着。

### 宜改为：

我忽然十分感动，泪水湿润了眼眶。这么热的天，我们吃饭的时候，她依然在为我们服务，而且是那么地认真负责，没有丝毫的不耐烦。

原稿最后一句"我突然感到普通人也有自己的尊严与执着"的语意侧重点在"尊严和执着"，而作者选取快递员的事例，旨在突出她不怕热、不怕累、不怕麻烦为客户服务的敬业精神，而不是"尊严与执着"。所以，要将这个游离句删去。

又如《雏鹰报》第三十三期第二版一（6）班石××同学的作文《我的舍友们》原稿的第五段：

军训如期到来了。立正，稍息，向后转……这些都还简单，其实最让我们头疼的，还是把被子叠成豆腐块。豆腐块啊！那晚上教官教我们好长时间怎样做"豆腐"；教完叠被子还交代了各种物品怎么摆放，卫生怎么打扫等等。唉——搞得我们军训的那几天午休的时候都不舍得盖被子，更有甚者，就是我们寝室的"进门右后上"，中午不盖被子就算了，到了晚上该睡觉的时候他也不肯盖，小心翼翼地把被子抱到床的另一头什么也不盖就睡了。对于这样的"战斗民族"，我的佩服是发自心底的。但出乎我意料的是，军训还没结束，他就感染上了急性呼吸道传染性流感病毒，通俗地说，就是感冒了！看着他仍抱着他的豆腐块舍不得盖，真替他惋惜。

## 宜改为：

军训如期到来了。稍息，立正，向后转……这些都还简单，让我们头疼的，是把被子叠成豆腐块。豆腐块啊！那晚上教官教我们好长时间怎样叠"豆腐"。教完了叠"豆腐"还要求了怎样摆放叠好的"豆腐"，要摆在离床头40厘米处，开口一定要朝外，高不得超过35厘米，长宽不得超过60厘米，不能露着被头，如果被面上有图案，图案要叠到正中间……最后甩下一句："都给我记清楚了，明天检查谁不达标，罚谁站军姿30分钟！"唉——搞得我们军训的那几天午休的时候都不舍得盖被子，更有甚者，属我们寝室的"进门右后上"，中午不盖被子也就算了，到了晚上该睡觉的时候他还不肯盖。他小心翼翼地把被子抱到床的另一头，什么也不盖就睡了。对于这样的"战斗一族"，我的佩服是发自内心的。但出乎我意料的是，军训还没结束，他就感染上了急性呼吸道传染性流感病毒，通俗地讲，就是感冒了！看着他仍抱着他的"豆腐块"舍不得盖，真替他惋惜。

原稿详细记叙了军训中叠被子的情节，以点带面表现了军训的严格，选材角度很好，尤其是"进门右后上"同学的典型表现，进一步突出了纪律的严格。而原稿中"教完叠被子还交代了各种物品怎么摆放，卫生怎么打扫等等"一句是游离的，这句话记叙的可能是实际情况，但与"叠被子"情节关联不大，使材料显得分散，可以删去。

## 第十八讲

# 强调、突出皆应有度

《雏鹰报》第五十六期第二版三（10）班陈××同学的《厚培家风土壤　涵养精神家园》原稿的倒数第二段：

家风在生活的点滴之中不断地践行，形成一种无声无言的教诲，是最为直观最为基本的家庭教育。每个人的人生观、价值观、道德修养，无不烙上家风的印记。家风是家庭的发展和延续，更是社会精神文明的细胞，国家繁荣昌盛的脊梁。

**宜改为：**

家风在点滴的生活中不断地得以践行，形成一种无言的教诲，是最为直观最为基本的家庭教育。每个人的世界观、人生观、价值观，无不烙上家风的印记。良好的家风是家族健康发展和延续的基因，也是社会精神文明的细胞，更是国家稳定的一种保障。

这一段的尾句将家风看作"国家繁荣稳定"的一种保障尚可，表述为"国家繁荣昌盛的脊梁"，用词过大，失当。

# 第十九讲

# 量词使用不可疯狂

　　如《雏鹰报》第三十一期第一版二（3）班袁××同学的作文《惜黛玉》原稿的题记和第一段：

　　为报那一泉之水，流尽一生眼泪。

——题记

　　前世，她为一株仙草，他为神瑛侍者。仙草干枯，正值性命垂危之际，适逢使者怜悯，浇一泓清泉，仙草才能得救。若干年后，仙草修炼化为人形。湖边，身姿婀娜，清纯脱俗的一名仙子正抬头仰望。得知恩人已下凡投胎，为报那一泓泉水之恩，追随了去。

## 宜改为：

　　为报点点甘露恩，流尽一生相思泪。

——题记

　　前世，她为一株仙草，他为神瑛侍者。仙草干枯，正值性命垂危之际，适逢侍者怜悯，洒点点甘露，仙草才得救。若干年后，仙草修炼为人形。湖边，身姿婀娜、清纯脱俗的一名仙子正抬头仰望。得知恩人已下凡投胎，为报那甘露之恩，追随了去。

　　这里是说绛珠草要报答神瑛侍者的浇灌之恩，《红楼梦》原著用"遂日以甘露灌溉"描写神瑛侍者当时为绛珠草浇灌时的情形，既是"甘露"之水，就不是"泉水"，也不会那么容易得到，更不会有太多的量，所以，用"泉"做量词有些大。这样推敲，第一段中"浇一泓清泉"中的量词"泓"同样也过大。作者在这里想突出绛珠草对神瑛侍者深情厚谊的报答之情，于是进行了想当然的夸张，但这一夸张却背离了原著，所以，量词的使用要忠于原著，忠于事实，忠于生活。

　　如《雏鹰报》第二十八期第二版二（9）班姜××同学的作文《热爱下的生活》的最后一段：

　　一剪闲云一溪月，一程山水一年华，一世浮生一刹那，一树菩提一烟霞。热爱，会让生活变得像"数点扁舟向斜阳"那样诗意、简单而又直观。热爱下的生活，像海棠一样热情，像菩提一样静谧。

**宜改为：**

一剪闲云一溪月，一程山水一年华，一世浮生一刹那，一树菩提一烟霞。热爱，会让生活像"数点扁舟向斜阳"那样简单而有诗意。

原稿有三个句子，前两个句子由形写到神、由浅写到深，将"热爱下的生活"的真谛阐释得形象、浪漫，第三个句子有添足之嫌，可删去。这一段的量词运用简洁、贴切而传神，以"剪"饰"云"，以"溪"托"月"，以"程"画"山水"，以"年"记"光阴"，以"世"写"浮生"，以"刹那"形"光阴"，以"树"描"菩提"，以"烟霞"状"释然"，以"点"摹"扁舟"，真是匠心独运！

# 第二十讲

# 上下文对应处遣词造句宜照应

写作时，上下文相对应位置上的词最好类别一致、属性一致、词性一致，语义相近、相反或相对，对应位置上的句子也最好保持句式一致、语气协调，否则，文章可能会缺少对称美。

如《雏鹰报》第三十四期第四版三（17）班王××同学的《坚守初心》原稿的第四段：

著名的女作家林徽因的初心是对建筑的热爱。她本可以在豪华的寓所内挥毫泼墨，吸引无数的追求者，过上众星捧月般安逸闲适的生活。安逸闲适是好，但她更忘不了自己的初心，改不了自己对建筑的无尽深情。于是，她脱掉高跟鞋，摘下明月珰，携手梁思成，从南走到北，从白走到黑，乘牛车，踩彩泞，一次次测量，一笔笔勾画。几十年的坚守，日日夜夜的汗与泪，使她为中国建筑界添上浓墨重彩的一笔，几十年如一日，岁月流逝，初心不改。

**宜改为：**

著名女作家林徽因的初心是对建筑的热爱与研究。她本可以在豪华的寓所内吟风诵月或激扬文字，文坛留名，过上安逸闲适的生活。安逸闲适是好，但那不是她的初心，她改不了自己对建筑的无尽深情。于是，她脱掉高跟鞋，摘下明月珰，携手梁思成，从南走到北，从白走到黑，乘牛车，踩泥泞，一次次测量，一笔笔勾画。几十年的风与雨，日日夜夜的汗与泪，她为中国建筑界添上了浓墨重彩的一笔。任岁月流逝，她初心不改。

原稿"（林徽因）几十年的坚守，日日夜夜的汗与泪"一句中的"汗"与"泪"，用词形象。但上句"几十年的坚守"中的"坚守"用词抽象，可以把"坚守"改为表意更具体的词语，比如"苦"与"痛"，或改为更形象的词语"沟"与"坎"，"风"与"雨"等，与尾句中的"汗"与"泪"呼应。当然，也可以把"汗"与"泪"改为抽象的词语"研究"，与上一句的"坚守"相呼应。不过，后一种改法将生动的语言改为抽象的语言了，不太好。

再如上文原稿的第一段：

如今社会有多少人被卷入物欲横流、纸醉金迷的生活一去难返，到底有多少人能坚守本心、守住自己的一方净土？我呼吁，在这个时代，要坚守住自己的初心。

**宜改为：**

如今社会，到底有多少人被卷入物欲横流、纸醉金迷的生活一去难返？到底有多少人能坚守初心、守住自己的一方净土？我呼吁，在这个时代，要坚守住自己的初心。

原稿的第一句宜改为反问句，这样，与第二句的反问句照应，既加强了语势，又共同表现出"如今能坚守初心的人很少"这个中心意思。连续的反问还能产生叩问读者或当事人心灵的表达效果。

# 第二十一讲

# 上下句位置对应处词语不应是包含关系

行文时，上下句相对应位置上的词语往往是从不同方面突出全段主旨的，要区分出不同的角度或侧面，不应该有包含关系。

如《雏鹰报》第三十四期第四版三（17）班王××同学的作文《坚守初心》原稿的第二段：

当今时代，大多数人想要跟紧时代的步伐，追逐名与利的光影，最终陷入金钱与名利的旋涡。世界千变万化，世间扰乱纷纷，世界在变，人在变，但我们唯一不能忘却的便是自己的初心。

**宜改为：**

当今时代，无数人想要紧跟时代的步伐，却错误地选择了追逐名与利的光影，最终陷入金钱与名誉的旋涡失去了初心。世界千变万化，世间纷纷扰扰，世界在变，人在变，但我们唯一不能改变的是自己的初心。

原稿"最终陷入金钱与名利的旋涡"一句中"名利"的概念涵盖着"金钱"的概念，不恰当，将"名利"中的"利"改为"誉"就避免了包含关系。

又如上文原稿的第六段：

火红火红的枫树和金黄金黄的银杏树整日数落着一身单调绿色的小松树。枫树，银杏树，多美呀，他们把叶子撒向大地，炫耀自己的美丽，冬天还没到，他们就已经光秃秃了，唯独不为所动的小松树坚守着自己"绿色"的本心，珍惜自己的每一片绿叶，到冬天还是枝繁叶茂，郁郁葱葱。坚守，就要不被那些光鲜亮丽的事物所诱惑，不被无所谓的谗言所迷住，无论身处何种景况，不抛弃，不放弃，应是我们对本心坚守的态度。

**宜改为：**

火红火红的枫树和金黄金黄的银杏树整日数落着一身单调绿色的小松树。枫树，银杏树，多美呀，它们把美丽的叶子撒向大地，炫耀自己的美丽，可是冬天还没到，它们就已经光秃秃了。唯独不被诱惑的小松树坚守着自己"绿色"的初心，珍惜自己的每一针绿色，到冬天还是郁郁葱葱。坚守，就不要被那些光鲜亮丽的外表诱惑，更不要被阳奉阴违的谗言迷住，无论身边世界如何喧嚣，处于何种景况，不抛弃，不放弃，应是我们坚守初心的正确态度。

原稿"坚守，就要不被那些光鲜亮丽的事物所诱惑，不被无所谓的谗言所迷住"一句中的"事物"是抽象概念，下句中的"谗言"是具体概念，两个词表面上看似是照应了，但仔细分析，"事物"一词的外延大，包含着"谗言"的外延，因此，宜将"事物"改为"外表"，这样与"谗言"就呼应了。

## 第二十二讲

# 上下句对应处用词逻辑顺序不要颠倒

行文时，上下句相对应位置上的几个词语表达的含义要符合人们的认知规律和事理逻辑，不能颠倒。

比如《雏鹰报》第三十四期第四版三（17）班王××同学的作文《坚守初心》原稿的第九段：

"世人皆醉我独醒，举世皆浊我独清。"无论世事何变，不变的都是对本心的坚守。每个人都争做时代的弄潮儿，殊不知真正的弄潮儿应是对本心的坚守者，"弄潮儿向涛头立，手把红旗旗不湿。"唯有坚守本心，才能在人生路上走得更远，走得更好。

### 宜改为：

"世人皆醉我独醒，举世皆浊我独清。"无论世事如何变幻，不变的应该是对初心的坚守。每个人都愿意争做时代的弄潮儿，真正的弄潮儿首先应是对初心的坚守者。"弄潮儿向涛头立，手把红旗旗不湿。"这红旗就是方向，就是理想，就是初心。唯有坚守初心，才能在人生路上走得更坚实，走得更高远。

原稿"唯有坚守本心，才能在人生路上走得更远，走得更好"一句中"好"的外延包含着"远"的外延，所以，将"高远"改为"坚实"，强调基础厚重；将"好"改为"高远"，侧重理想远大。这样一改，既避免了包含关系，也更符合事理逻辑。

## 第二十三讲

# 上下句相对应处的标点也要讲究一致或呼应

写作时，上下句相对应位置处的标点也尽量保持一致或呼应。

比如《雏鹰报》第三十四期第四版三（18）班曹××同学的作文《坚守初心》原稿的第三段：

你问风，为什么托着候鸟飞翔，却又吹得它慌里慌张？风回答：我本是如此，并不会因它的需要改变自己。我来是风，去也是风。

**宜改为：**

你问风：为什么托着候鸟飞翔，却又吹得它慌里慌张？风回答：我本是如此，并不会因为候鸟的需要而改变自己，我来是风，去也是风。

原稿"你问风"后用了逗号，"风回答"后却用了冒号，这种情况下，宜将"你问风"后用的逗号改为冒号，以与下句的冒号相呼应。

# 第二十四讲

# 文章中出现批评对象时要避免扩大化

文章固然要表达作者鲜明的观点态度，但作为中学生来说，认识社会的机会少，对社会认识的程度还不够深，所以，行文中需要批评某个人、某个集体或某件事、某种现象时，要慎重选词，避免出现扩大化现象。

比如《雏鹰报》第七十五期第三版三(12)班王 ×× 同学的作文《踏实做事是正道，恃才傲物不可取》原稿的第一、二两段：

《任正非正传》中有这么一个故事，刚入华为的一位 ×× 大学高才生，对公司的经营问题有所建议，洋洋洒洒写了一封"万言书"，企图打动领导，获得赏识，结果却遭领导一番批评。我认为 ×× 大学高才生的行为并不可取，踏实做事方为立身之本。

俗话说得好，"不做言语上的巨人，行动上的矮子"。企业的掌舵人希望见到的是兢兢业业、踏实工作的员工，而不是投机倒把、油嘴滑舌的"智者"。或许你只想为公司贡献出自己的力量，但是你可曾想过，华为公司上下多少员工苦心孤诣、呕心沥血才谋划出来的战略，岂是你一个身无寸功、初入职场的新人指手画脚的？ ×× 大学毕业生的光环并不能让别人多看你一眼，反而是踏实地工作更能让你脱颖而出，赢得关注。

## 宜改为：

《任正非正传》中有这么一个故事，刚入华为的一位著名大学的高才生，对公司的经营洋洋洒洒写了一封"万言书"，企图打动领导，获得赏识，结果却遭到领导一番批评。我认为这位高才生的行为并不可取，踏实做事方为立身之本。

俗话说得好，"不做言语上的巨人，行动上的矮子"。企业的领导者希望见到的是兢兢业业、踏实工作的员工，而不是油嘴滑舌的"智者"。或许你只想为公司贡献更多的力量，但是你可曾想过，华为公司上下多少员工苦心孤诣、呕心沥血才谋划出来的战略，岂是你一个初入职场、身无寸功的新人可以指手画脚的？名校毕业生的光环并不能让别人多看你一眼，踏实地工作反而更能让你脱颖而出、赢得关注。

文中"×× 大学"的名字在修改时被编者用"××"代替了，原文是出现了具体名字的。尽管文中"×× 大学"只是这位高才生的定语，不是主语，但读后却有一层对该大学的嘲讽意味。而这位同学仅是个例，学校也并没有提倡他这种做法，所以，他也代表不了该学校，我们可以将"××大学"改为比较含糊的词语"著名大学"，这样会合适一些。

上段其他几处修改如下：

将"有所建议，洋洋洒洒写了一封'万言书'"中的"有所建议"删去，一是因为"有所建议"是正常的、应该提倡的行为，而本段侧重否定这位同学的行为，所以删去感情色彩才恰当。二是"有所"有"数量有限"的意味，而"洋洋洒洒""万言书"在这里显然有"过量""超限"的意思，它们放在一起是矛盾的。

将"遭"改为"遭到"符合现代汉语常常使用双音节词或多音节词的特点。

将"言语上的巨人，行动上的矮子"之间的逗号改为顿号，因为它们都是"不做"的宾语，是句子成分，不能用作分句。

将"掌舵人"改为"领导者"，既呼应了上段中的"领导"，又避免与事实不符，因为"掌舵者"的指向是唯一的，"领导者"的指向就不唯一了。

将"投机倒把"删去，因为"投机倒把"的意思是：利用时机，以囤积居奇、买空卖空、掺杂作假、操纵物价等手段牟取暴利。而这位刚入职的高才生的行为用"油嘴滑舌"形容尚且可以，用"投机倒把"语意不符且过重。

将"贡献出自己的力量"改为"贡献更多的力量"，因为"贡献出自己的力量"是值得褒扬的行为，而文段侧重对这位高才生过度行为的批评。

将"身无寸功、初入职场"改为"初入职场，身无寸功"，改后的语序符合生活和事理逻辑。

在"指手画脚"前加上能愿动词"可以"。该句是反问句，意在指出他行为的不当，"岂是……可以……"的句式，能表现出"他不可以……"的意思。

将"反而"放在"踏实的工作"后面，因为上一句的主语是"光环不能……"这一句的主语应该换为"踏实的工作"，前后两个分句的主语不一致时，关联词要放在主语前面。

# 第二十五讲

# 使用敬称，让情感自然融入

如《雏鹰报》第一百期第四版三（19）班赵××的作文《岁月不居　英雄长存》原稿的第七段：

屈原、诸葛亮、苏东坡，或效忠朝廷，或驰骋疆场，或惠泽百姓，英雄的业绩若耿耿星河，书写了一代英雄传奇，斯人已逝，但精神之光在我们心中驰骋。

**宜改为：**

三闾大夫、孔明先生、东坡居士，或效忠朝廷，或驰骋疆场，或惠泽百姓。英雄的业绩若耿耿星河，书写了一代英雄传奇。斯人已逝，但他们的精神之光依然在我们心中熠熠生辉。

这一段是结尾段，是对上文的总结。上文分三个层次，依次选取屈原、诸葛亮、苏轼的例子，体现了他们身上的英雄精神，并精练地拟写了三个段首中心句：

一条大泽畔，您披发行吟，洒泪长叹，您叹君昏臣佞，无意抗秦，最终，您纵身泪罗，魂化清流长存人间。

一柄白羽扇，中军帐里，您掌控全局，指挥若定，在兴复汉室、结束战乱、解人民于倒悬的斗争中您挺立成乱世英雄。

一蓑烟雨中，您竹杖芒鞋任平生，进为朝廷，退为黎民，虽屡遭贬谪，但豪情万丈不改初心。

不难看出，原稿三个段首中心句的人称代词都用了"您"字，用"您"字表现了写作者对三个人物的尊敬与爱慕，所以，在结尾段，也应该使用能表达敬意的称呼来称谓这三个人物，如用屈原的官职"三闾大夫"来代指屈原，用诸葛亮的表字"孔明"和敬称"先生"来代指诸葛亮，用苏东坡的号"东坡居士"来代指苏东坡。这样，既能使全文感情贯通，又将作者的景仰之情自然而然地融入了字里行间。

## 第二十六讲
# 前后人称要保持一致

如《雏鹰报》第七十八期第一版三（6）班连××同学的作文《一事精致便动人》，这篇议论文的中心论点是：把一件事情做到极致就能成就非凡人生。文章的第四段原稿是这样的：

我们从呱呱坠地那天起，就成了芸芸众生中的一员，平凡而普通。但由于后天的努力，你就可以与众不同，出类拔萃，就能用光鲜亮丽来书写你的人生。圆梦的脚步不会千篇一律，但奋斗定是成功的不二法门。不忘初心、砥砺前行是成功的必需条件。

**宜改为：**

我们从呱呱坠地那天起，就成了芸芸众生中的一员，普普通通。但由于后天的努力，我们就可能与众不同，出类拔萃，就可能用光鲜亮丽来书写我们的人生。圆梦的脚步不会千篇一律，但奋斗定是成功的不二法门。不忘初心、砥砺前行是成功的必需条件。

原稿全段的主语是"我们"，但在"由于后天的努力，你就可以与众不同，出类拔萃，就能用光鲜亮丽来书写你的人生"一句中，人称却由"我们"换成了"你"。这样，前后人称不一致，不妥。宜把后面的两个"你"换为"我们"，这样既照应了前面的人称，语气也更亲切了。

# 第二十七讲

# 句子要紧扣标题或中心，不旁逸

如《雏鹰报》第三十五期第二版三（3）班陈××同学的作文《以守之心　护英雄永存》原稿的第一段：

"生当作人杰，死亦为鬼雄"，这是宋代词人李清照的铮铮誓言，大概也是有志之人的人生理想。由此可见，英雄的形象在人们心中是多么的高大。所以为英雄正名，尊崇英雄，敬畏英雄是非常必要的。

**宜改为：**

"生当作人杰，死亦为鬼雄"，这是宋代词人李清照对心目中英雄项羽的高度赞美，也是对英雄抱守气节的敬佩和赞颂，更是对"不以成败论英雄"审美观的完美诠释。所以，为英雄正名，尊崇英雄，要成为我们每个中华儿女的共同操守。

原稿第一句，"这是宋代词人李清照的铮铮誓言"语意的着重点落在了"铮铮誓言"上，可是，文章要表达的中心是"守护英雄形象"，因此，可以将它改为"这是宋代词人李清照对心目中英雄项羽的高度赞美，也是对英雄抱守气节的敬佩和赞颂，更是对'不以成败论英雄'审美观的完美诠释"。这样，让李清照成为鲜明有力的例子，突出她对英雄形象、英雄精神的崇敬，扣住了标题和文章的中心。

原稿第二句，"由此可见，英雄的形象在人们心目中是多么的高大"的语意重点是"英雄形象高大"，文章要表达的中心是"人们要守护英雄形象、英雄精神"，既然英雄形象已经在人们心目中"高大"了，还用得着再提倡"守"吗？所以，此句宜删去。

原稿第三句，"所以为英雄正名，尊崇英雄，敬畏英雄是非常必要的"中的"正名""尊崇""敬畏"三个词层层递进，不错，但"是非常必要的"用语轻淡，不如改为"要成为我们每个中华儿女的共同操守"。改后，变成了肯定的要求，"每个""共同的操守"既强调了普适性，又突出了重要性，语气毋庸置疑，紧扣了文章的中心，突出了论点，增强了论证的力量。

## 第二十八讲

# 理要达人，最好触及欲达者自身

如《雏鹰报》第三十五期第二版三（3）班陈××同学的作文《以守之心　护英雄永存》原稿的第二段：

英雄是一个民族的代言人，所以英雄的形象就是一个民族的形象。当某些别有用心之人抹黑、扭曲英雄形象之时，这无疑是在抹黑我巍巍华夏民族的形象。英雄之心，岂可用小人之心疑猜？

**宜改为：**

英雄是一个民族的代言人，英雄的形象就是一个民族的形象。某些别有用心之人抹黑扭曲英雄形象，这无疑是在抹黑扭曲他们本民族的历史，抹黑扭曲他们的列祖列宗，抹黑扭曲他们自己，毒害他们的后人。

原稿"当某些别有用心之人抹黑、扭曲英雄形象之时，这无疑是在抹黑我巍巍华夏民族的形象"一句在表达上缺乏逻辑，因为前半句中的"英雄形象"含义是宽泛的，可以代指人类历史上所有的英雄，而后半句单说"抹黑我巍巍华夏民族的形象"，缺乏严整的对应，属于逻辑不当，要将"巍巍华夏民族"改为"他们本民族"。

同时，后两句的表达力和说服力不强，对那些淡漠国家荣誉、无视民族大义的人，民族英雄仿佛与他们不沾边，但如果能将他们"抹黑英雄"的行为与他们个人的利害关系关联起来剖析清楚时，往往就能触动他们内心，从而唤醒他们了。文学、文章的一个重要作用就是唤醒民众，所以改为"某些别有用心之人抹黑扭曲英雄形象，这无疑是在抹黑扭曲他们本民族的历史，抹黑扭曲他们的列祖列宗，抹黑扭曲他们自己，毒害他们的后人"。这样，让语意范围由大到小，最后直抵个人的切身利害，直接拷问个人的灵魂，往往能产生巨大的警醒力量。

## 第二十九讲

# 交代清楚名言是"谁"说的很重要

如《雏鹰报》第三十五期第一版三（7）班王 × 同学的作文《请不要辜负这个时代——新时代的改革开放》原稿第二段的前三句：

在社会上，仍有许多人不相信我们自己的国家，崇洋媚外，可新中国蓬勃发展的现实正一次又一次地证明这是谁的时代。周小平曾说过："美国不是天堂，中国也不是地狱，当代的中国人不应该妄自菲薄。"作为中国人，我们首先要对自己的祖国充满信心。

**宜改为：**

当下，仍有一些人不相信我们自己的国家，崇洋媚外，可新时代中国蓬勃发展的现实正一次又一次地证明这是谁的时代。知名网络写手、评论人、"互联网资深分析师"周小平曾在《请不要辜负这个时代》一文中指出："美国不是天堂，中国也不是地狱。"当代的中国人不应该妄自菲薄，作为中国人，我们首先要对祖国充满信心。

原稿的第二句"周小平曾说过：'美国不是天堂，中国也不是地狱，当代的中国人不应该妄自菲薄。'"是用名言说理。用名言说理时，用来作论据的名人名言一定要真实。就拿原文中这一句来说吧，周小平是谁，他说过这句话吗，作者一定要弄明白了再写。查找资料后得知，周小平是80后新锐人物，已知身份有知名网络写手、评论人、"互联网资深分析师""网权力＋文化冷战九大绝招"概念提出者等等。他拥有近47万粉丝，代表作品有知名博文《请不要辜负这个时代》，他在《请不要辜负这个时代》中有"美国不是天堂，中国也不是地狱"两句话。由于很多读者对周小平的身份、职业不了解，所以，在行文时，最好在"周小平"前加上能表明他身份、职业及名言来源的信息，这样，论据真实了，他显著的身份也增强了文章的说服力。同时，因为他在文章中只提出"美国不是天堂，中国也不是地狱"两句，所以，原文中"当代的中国人不应该妄自菲薄"一句就应当从双引号内移出去。这样处理后，论据就准确了。

又如上文第三段原稿是这样的：

我们生在这最好的时代，这说明我们将拥有更多的机遇，同时我们也将面临更多的挑战。接过父辈的旗帜，我们便担负起了历史的嘱托和使命。我们目睹着前人是如何用双手改变世界，我们也享用着前人创造出的丰硕成果。所以，我们需要做的，就是站在巨人的肩膀上，用自己的所学，回报社会，为新时代的改革开放奉献力量，不辜负这个时代。卢新宁说过："你所站立的地方，就是你的中国；你怎么样，中国便怎么样；你是什么，中国便是什么；你有了光明，中国便不再黑暗。"我们站立在新中国的沃土上，我们必将用自己的光明点亮黑暗，用自己的双手书写明天，我们必将不辜负这个伟大的时代，为这个饱受屈辱的国度正本清源。

### 宜改为：

我们生在这最好的时代，我们将拥有更多的机遇，当然我们也将面临更多的挑战。接过前人的旗帜，我们要担负起历史的使命。我们感受着前人是如何用双手改变世界，我们也享用着前人创造出的丰硕成果。所以，我们需要做的，就是站在前人的肩膀上，用自己的所学，回报社会，为新时代的改革开放奉献力量，不辜负这个时代。《人民日报》评论部主任卢新宁在北京大学中文系毕业典礼上的演讲中说过："在你所站立的地方，就是你的中国；你怎么样，中国便怎么样；你是什么，中国便是什么；你有光明，中国便不会黑暗。"我们站立在新时代祖国的热土上，我们必将不辜负这个伟大的时代。

原稿第三句引用了卢新宁的名言，同样，很多读者对卢新宁了解得并不多，写作时最好把她的身份、职业及名言来源交代一下，以表明论据的确凿性和增强文章的说服力。

卢新宁毕业于北大，曾任《人民日报》评论部主任、人民日报副总编辑、人民网董事长，后任中央人民政府驻香港特别行政区联络办公室副主任。原文中引用的这句话是她任《人民日报》评论部主任时在北京大学中文系毕业典礼上的演讲中说的话，原文引用稍有出入，原文是这样的：在你所站立的地方，就是你的中国；你怎么样，中国便怎么样；你是什么，中国便是什么；你有光明，中国便不会黑暗。我们在写作时，如果对原文记忆不清时，可以转述大意，转述大意时必须将双引号去掉，以表明作者是在转述名人的话而不是转录名人的原话。

## 第三十讲

# 要注意词句中暗含的情感倾向

如《雏鹰报》第三十五期第一版三（7）班王×同学的作文《请不要辜负这个时代——新时代的改革开放》原稿的第二段：

在社会上，仍有许多人不相信我们自己的国家，崇洋媚外，可新中国蓬勃发展的现实正一次又一次地证明这是谁的时代。周小平曾说过："美国不是天堂，中国也不是地狱，当代的中国人不应该妄自菲薄。"作为中国人，我们首先要对自己的祖国充满信心。在改革开放的征程中，我国如同一条腾飞的巨龙，冲破天际，直上云霄。"蛟龙号"的成功下水，"慧眼"卫星的发射成功，还有飞翔在蓝天之上的C919大型客机，这些新时代的科技成果一次又一次地令世界刮目相看，这些举世瞩目的成就正是改革开放道路正确性的最佳证明。所以，在新时代改革开放的征程中我们应该坚信方向、坚信国家、坚信自己，去谱写新的篇章。

### 宜改为：

当下，仍有一些人不相信我们自己的国家，崇洋媚外，可新时代中国蓬勃发展的现实正一次又一次地证明这是谁的时代。知名网络写手、评论人、"互联网资深分析师"周小平曾在《请不要辜负这个时代》一文中指出："美国不是天堂，中国也不是地狱。"当代的中国人不应该妄自菲薄，作为中国人，我们首先要对祖国充满信心。在改革开放的征程中，我国如同一条腾飞的巨龙，冲破层云，直上云霄。"蛟龙号"成功突破深潜水下7000米世界难关，首颗X射线空间天文卫星"慧眼"成功发射，还有飞翔在蓝天之上的C919大型客机，这些领跑世界的科技成果一次又一次地令世界刮目相看，这些举世瞩目的成就正是改革开放道路正确性的生动证明。所以，在新时代改革开放的征程上我们更应该坚信国家、坚信方向、坚信自己，去谱写新的篇章。

原稿第一句中的"许多人"用语过重，不切实际，可以将其改为"一些"，说明自信心不足的人是很"少"一部分，"一些"也表现出了对缺乏自信人的轻蔑，体现了爱国的倾向性。

另外，原稿中"'蛟龙号'的成功下水"只是客观的陈述，没有寄寓作者的思想情感，如果将"下水"这一笼统的语言具体化为"成功突破深潜水下7000米世界难关"就突出了祖国巨大的科技成就，寄寓了作者热爱祖国的自豪感。另外，在"慧眼"前加上突出其重要性的定语"首颗 X 射线空间天文卫星"，在"这些新时代的科技成果"前加上"引领世界"四个字做定语，都能突出表达作者的爱国情和自豪感。

上段其他几处修改如下：

将"天际"改为"层云"，因为"天际"是"天边"的意思，"冲破"与"天际"不搭配。

将"最佳"改为"生动"，"最佳"用词过大。

将"在……中"改为"在……上"，因为"在……中"表示一个相对封闭的概念，"在……上"在这里可以表示正在行进的概念，"新时代改革开放"是个正在行进的征程，所以要修改。

将"坚信方向，坚信国家"改为"坚信国家，坚信方向"。"国家"是第一位的，要放在最前面。

# 第三十一讲

## 语言表达的时空含意要准确

如《雏鹰报》第三十五期第一版三（7）班王×同学的作文《请不要辜负这个时代——新时代的改革开放》原稿第二段：

在社会上，仍有许多人不相信我们自己的国家，崇洋媚外，可新中国蓬勃发展的现实正一次又一次地证明这是谁的时代。周小平曾说过："美国不是天堂，中国也不是地狱，当代的中国人不应该妄自菲薄。"作为中国人，我们首先要对自己的祖国充满信心。在改革开放的征程中，我国如同一条腾飞的巨龙，冲破天际，直上云霄。"蛟龙号"的成功下水，"慧眼"卫星的发射成功，还有飞翔在蓝天之上的C919大型客机，这新时代的科技成果一次又一次地令世界刮目相看，这些举世瞩目的成就正是改革开放道路正确性的最佳证明。所以，在新时代改革开放的征程中我们应该坚信方向、坚信国家、坚信自己，去谱写新的篇章。

**宜改为：**

当下，仍有一些人不相信我们自己的国家，崇洋媚外，可新时代中国蓬勃发展的现实正一次又一次地证明这是谁的时代。知名网络写手、评论人、"互联网资深分析师"周小平曾在《请不要辜负这个时代》一文中指出："美国不是天堂，中国也不是地狱。"当代的中国人不应该妄自菲薄。作为中国人，我们首先要对祖国充满信心。在改革开放的征程中，我国如同一条腾飞的巨龙，冲破层云，直上云霄。"蛟龙号"成功突破深潜水下7000米世界难关，首颗X射线空间天文卫星"慧眼"成功发射，还有飞翔在蓝天之上的C919大型客机，这些领跑世界的科技成果一次又一次地令世界刮目相看，这些举世瞩目的成就正是改革开放道路正确性的生动证明。所以，在新时代改革开放的征程上我们更应该坚信国家、坚信方向、坚信自己，去谱写新的篇章。

原稿第一句中"可新中国蓬勃发展的现实正一次又一次地证明这是谁的时代"中的"新中国"一词在时间上所指范围过于宽泛，不准确。这句话可以看作是本段的中心句，后面引用周小平的话和蛟龙号、"慧眼"卫星、"C919"大型客机等事例都是我国"新时代"的伟大成就，来共同支撑本段中心句的，所以，将这里的"新中国"改为"新时代"，表达才准确。

再看上面这篇文章第三段的最后一句：

我们站立在新中国的沃土上，我们必将用自己的光明点亮黑暗，用自己的双手书写明天，我们必将不辜负这个伟大的时代，为这个饱受屈辱的国度正本清源。

### 宜改为：

我们站立在祖国新时代的热土上，我们必将不辜负这个伟大的时代。

根据上例的分析，我们要将原文中的"新中国"改为"祖国新时代"，这样，词语的时间定位才准确。另外，原文中"必将用自己的光明点亮黑暗"表述也不恰当，"黑暗"所描述的应该是"新中国"成立前的历史，那么，主语应该是"革命前辈"，而这里行文的主语是"我们"，因此，表述就不准确了。同样的道理，原文中"这个饱受屈辱的国度"表述也不准确，我们所处的国家已经不再是"饱受屈辱"的国家了，这里是词语的时空定位不准确。

再如《雏鹰报》第三十四期第二版三（3）班陈××同学的作文《以守之心　护英雄永存》的倒数第二段：

现今的国家正处在伟大复兴的时刻，此时此刻我们需要英雄形象长久辉映人们心中，使人们艰苦奋斗，无私奉献，共圆中国梦。维护英雄的形象不仅是对英雄最好的缅怀，更是对民族复兴最好的贡献。

### 宜改为：

维护英雄的形象不仅是对英雄最好的缅怀，更是对民族复兴最好的贡献。我国现在正处在走向伟大复兴的关键时期，我们更需要英雄形象长久辉映人心，激励人们不怕困难、艰苦奋斗、无私奉献、共圆中国梦。

原稿"现今的国家正处在伟大复兴的时刻"一句有两处用词不准确：其一是"正处在伟大复兴"，因为中华民族的伟大复兴尚未实现；其二是"时刻"，因为"时刻"这个词表示时间点，而国家发展应该是处于某个"时期"。所以，应将这个句子改为"我国现在正处在走向伟大复兴的关键时期"。

# 第三十二讲

# 文章中宜有"我"

如《雏鹰报》第三十五期第一版二（8）班王××同学的作文《行色》原稿的前六段：

校门口再次被围得水泄不通，东来西往的行人与车辆，好似在为2017旧历年准备着告别仪式，告别他们这个或得到或失去的又一年。

人们在四方围堵的街道上进退不得，只好由着大大小小的轮子一寸寸艰难地挪动。烤冷面与烤面筋的泼辣油烟在空中热烈相拥，热油香与叫卖声混杂的小吃摊于街边花砖上一字排开。仅隔着几辆电动车的我与它们未能有良好接触，无从一饱口福，这才切身体会到近在眼前远在天边的无奈。

手指戳着车把无节奏地跳动，我正百无聊赖地等待机会。不料，右方传来一声尖叫。

"你干啥！都碰到人家身上了！"

一位中年妇女骑着泥迹斑斑的踏板摩托，倒车时不小心碰到了后面一个拖着行李箱的女同学。后座女儿的责怪使她皱了皱眉，但仍持续刚才的动作。

"对不起啊，同学，你没事儿吧？"女儿抱歉地低声说。可她手上、臂弯里携着大包小包的东西，试图扭身察看却心有余而力不足。我嘴角不自觉上扬，心想，这个女孩儿真好。

作者在叙述完蛮横妇女与礼貌女孩之后，写道："我嘴角不自觉上扬，心想，这个女孩儿真好。"这轻点的一笔，使文章中有了"我"，有了"我"的立场、观点和情感。这样写，不但使故事显得真实生动，而且让女孩儿的良善与"我"的良善相得益彰。

再看该文的另外两段：

"花牛苹果，又红又圆，又香又甜。"一个清甜、空灵的声音不急不缓地说。——男人腿边的小女孩发声了——女孩儿八九岁的样子——她皲裂的两颊像苹果一样红，两手抱肩，坐在车子座旁边小小的空位儿上。她用手拨了拨额头上的碎发，迎着老太太"这小姑娘，会帮你爸爸卖东西了"的赞美，笑得宛如一颗红苹果。

"今儿俺媳妇生娃哩，回家给俺大妞拉来去医院看看她妈。哎呀，我要抱小伙子啦，哈哈！"男人脸上洋溢着无尽的幸福，自豪地唠着。

**宜改为：**

"花牛苹果，又红又圆，又香又甜。"一个清甜、空灵的声音不急不缓地喊，男人腿边的小女孩发声了。女孩儿八九岁的样子，她皴裂得两颊像苹果一样红，两手抱肩，坐在车子座旁边小小的空位儿上。她用手拨了拨额头上的碎发，迎着老太太"这小姑娘，会帮你爸爸卖东西了"的赞美，脸笑得宛如一朵红花。

"今儿俺媳妇生娃哩，来这儿给俺大妞拉去医院看看她妈。啊！我要抱儿子啦！哈哈哈哈……"男人脸上洋溢着无尽的幸福，自豪地唠着。

替他开心的同时，我还在担心父女俩去了医院这车苹果该如何安置，会留谁看守……

该文在原文叙述完故事后加上了一句：替他开心的同时，我还在担心父女俩去了医院这车苹果该如何安置，会留谁看守……加上这一句后，"我"就不再是个冷眼的旁观者了。这一句表现了"我"对他们的祝福和对所卖苹果看管问题的担心，这不仅表现了"我"的心细，还表现了"我"的善良，"我"与这一家人的心灵就融为一体了。

文学是人学，是讲仁爱、扬美德、弘正义的文字，文字的温度常常来自作者真诚的内心。

如《雏鹰报》第一百期第四版三（19）班赵××的作文《岁月不居 英雄长存》原稿的第二、三、四段：

一条大泽畔，他披发行吟，洒泪长叹，叹自己无用武之地，纵身汨罗江，大义凛然。

"既替余以蕙纕兮，又申之以揽茝。"满怀抱负，但尘世昏暗，屈子以一腔热血追随的却是昏庸的楚王。他心系国家，同情百姓，秉承初心，即便"路曼曼其修远"，依然愿"上下而求索"。官场污浊，小人进谗，愚昧的怀王狠心疏远他，他屈心抑志，奋不顾身，发出了"亦余心之所善兮，虽九死其犹为悔"的呐喊。但他的结局是被流放，公元前 278 年，秦国大将白起挥兵南下，攻破郢都。他不忍目睹楚国的灭亡，万般无奈中纵身一跃，沉入了冰冷的汨罗江底。清冷湖水中依稀可辨他高大的背影，纵身一跃的背后是他忠贞爱国的赤子之心。

三闾大夫，一代英华，随楚国灰飞，但一代文体"离骚"在他的笔下生花，震古烁今，文学因此步入了巅峰。

**宜改为：**

一条大泽畔，您披发行吟，洒泪长叹。您叹君昏臣佞，无意抗秦，最终，您纵身汨罗，魂化清流长存人间。

"既替余以蕙纕兮，又申之以揽茝。"您满怀强大楚国的抱负，但朝廷昏暗，您一腔热血追随的却是昏庸的楚王。但您心系国家，同情百姓，恪尽本职，即便"路曼曼其修远"，您依然愿"上下而求索"。官场污浊，小人进谗，愚昧的怀王狠心疏远您，您奋不顾身，发出了"亦余心之所善兮，虽九死其犹为悔"的呐喊，但您的结局是被流放。公元前278年，秦国大将白起挥兵南下，攻破郢都。您不忍目睹楚国的灭亡，万般无奈中纵身一跃，沉入了冰冷的汨罗江底。

如今，我在清冷的江水、河水、海水中都能觅到您高大的背影，您纵身一跃表现出的忠贞爱国情，浇灌着华夏热土上一代代后世英雄的心田。

以上三段的改文重点是将原稿的第三人称改为利于抒发强烈情感的第一人称，使用呼告手法直呼屈原为"您"。我们可以在第三、四段进一步加大抒情力度，不妨将"我"融入文章中，把"一代英华，随楚国灰飞"这一句情感偏低沉的句子删去，将"但一代文体'离骚'在他的笔下生花，震古烁今，文学因此步入了巅峰"这一倾向文学成就的句子改为凸显爱国情感上来，运用"江水、河水、海水"这几个与"水"有关的密集的意象来拓展意境，并辅以"我"寻觅的形象来强化情感，效果更佳。

## 第三十三讲

# 要考虑给读者交代明白

如《雏鹰报》第三十五期第一版二（8）班王××同学的作文《行色》原稿第十六段：

一段漫长的时间过去了，分针指到了5，我才刚刚到体育馆门口。

**宜改为：**

一段漫长的时间过去了，分针指到了5，25分钟过去了，我才刚刚挪到距校门口50米远的体育馆门口。

原稿第十六段这句话是要表现方城一高放寒假时校门口拥堵得水泄不通的情形的。在方城一高就读的学生们知道，放假那天，往往是12点放学，"分针指向5"应该是过去了25分钟，也就是12：25。大家也知道体育馆大门在一高大门西边50米处，所以，方城县一高中的学生能从原稿中读出拥堵的严重程度。但是，对方城一高和体育馆相对位置不了解的读者就不会明白文中含着的这层意思。所以加上"25分钟过去了，我才刚刚挪到距校门口50米远的体育馆门口"一句，这样，交代就明白了，其他读者也就能体会到那种拥堵的情形了。

我想到了我刚从教时遇到的一件事。那时，我常常读到许多学生在作文中写"妈妈和叔叔养育了我"这样的话，刚开始我很纳闷，这么多学生都由叔叔养育，他们的爸爸跑哪里去了？后来才恍然大悟，文中的"叔叔"其实指的就是他的爸爸。那时候农村孩子称呼父辈弟兄们时是这样的：称老大为"伯"，老二为"爹"，老三为"大"，老四为"叔"。"爸爸"一词好像是城市孩子对父亲的专利称呼，在农村大多是叫不出口的。为了避免误解，那些年，我就给我的每一届学生讲：以后写文章，父亲就写作"爸爸"，无论你在家称呼你的父亲是"伯""爹""大""叔"，通通换为"爸爸"；同样，无论你在家称呼你的妈妈是"母""娘""婶"，通通换为"妈妈"。所以说，在写作时，交代明白是很重要的。

# 第三十四讲

# 格调要高雅

如《雏鹰报》第三十五期第一版二（8）班王××同学的作文《行色》原稿的第十三段：

生活，是尽如人意中掺杂的不容易……

这句话是作者在对一位边接学生边卖苹果的家长辛苦劳动场面描写后的议论，这句话格调高雅，含蓄有味，很好。如果改为"生活，是不尽人意中掺杂的容易……"，尽管能照应这位家长喜得贵子一事，但格调低了。因为，当今时代，我国人民生活越来越幸福、美满，这是主格调，是基本色，调换后格调低沉，不符合社会与时代特点。

再看这篇文章原稿的第十七至第十九段：

"凭啥！这就是我的地盘！我先抢到的！"

"你闭嘴！"

两个双手叉腰，互相用食指指着对方的老大娘在人群中叫喊得脸红脖子粗。如果不听她们的对话，光那一样的发型，款式、花色一样的大红棉袄，就可以被误认为是两个好朋友闹着玩儿。可原原本本发生的冲突，凑巧，又似乎巧合得不那么好。只有三三两两的人去劝架，应该是两人的亲人吧，路上的人会路见不平，拔刀相助吗？

## 宜改为：

"凭啥？这就是我的地盘！我先抢到的！"

"你闭嘴！"

……　……

两个双手叉腰，互相用食指指着对方的老大娘在人群中叫喊得脸红脖子粗。如果不听这两个人的对话，光那一样的发型，款式、花色一样的大红棉袄，很容易被人们误认为是两个好朋友在闹着玩儿。可这是真真切切发生的冲突，凑巧，又似乎巧合得不那么好，只有三三两两的人去劝架，应该是两人的亲人吧。

这三段描写的是两个人争吵的情形，原文第十九段"路上的人会路见不平，拔刀相助吗"一句格调低。这篇文章题目是"行色"，文中刻画了中年妇女的蛮横，女儿的谦和友善，三轮车夫即将抱上儿子的幸福，买苹果老太太的慈爱、善解人意，年轻女人的开朗豁达，两位叉腰老大娘的好强刻薄，归心似箭学生群体的喜悦，还有小作者"我"的善良、冷静，全在放寒假时校门口拥堵的舞台上展现。人物形色各异，但主格调是积极向上的，整体气氛是和谐幸福的，而"路上的人会路见不平，拔刀相助吗"一句显出的却是一股各扫门前雪的落后社会风气，体现不出互帮、互助的良好社会风尚，所以宜删去。如果把前面那句"只有三三两两的人去劝架，应该是两人的亲人吧"改为"但又似乎巧合得很，今天人多，大家纷纷去劝架，最后两位大婶笑吟吟地走开了"，格调更高了，但又有失真之嫌，也不太好。原文那种不褒不贬地客观呈现各种行色的写法还是值得借鉴的。

这篇文章接下来的第二十段原稿是这样写的：

生活是微风吹来的点点雨滴，难免沾襟却不会淋漓；生活是一场大雨，将所有的热情浇灭，此后不问风雨。

## 宜改为：

生活是微风吹来的点点雨滴，难免沾襟却不会淋漓。

之所以这样改，是因为后一分句的格调不高，生活的"热情"被"大雨"浇灭，立意消沉。但前一分句很好，格调高雅，而且富有诗意和张力。

# 第三十五讲

## 上下句要语言连贯

如《雏鹰报》第三十五期第二版三（3）班陈××同学的作文《以守之心　护英雄永存》原稿的第三段：

维护英雄形象，才能维护民族尊严。一个民族是需要英雄的，而有了英雄，当然应该用心维护其英名。英雄的光辉就如同太阳，唯有其光芒万丈，才能让世界看得见这个民族的美好品德，方能赢得别人的尊重。金沙江畔，乌蒙山前，雪山草地之上，红军英雄们的身影辗转其间。维护他们的形象，侵华日军的罪行才能昭示天下，我们民族的尊严方可维持。

### 宜改为：

维护英雄形象，就是维护民族尊严。一个民族是需要英雄的，英雄的光辉就如同太阳，光芒万丈，让世界能看得见这个民族的美好品德，进而赢得其他民族的尊重。金沙江畔，乌蒙山前，雪山草地上，红军英雄们曾转战其间。维护他们的形象，就是维护我们中华民族救亡图存、生生不息的民族精神。

原稿的中心句是"维护英雄形象，才能维护民族尊严"，那么，接下来所写的内容就要能支撑起这个中心句，也就是要能回答为什么说"维护英雄形象，才能维护民族尊严"这个问题。原稿第二句"一个民族是需要英雄的"谈到了维护民族英雄形象的必要性，"而有了英雄，当然应该用心维护其英名"一句却将语意的重点转多到了"用心维护英名"上，这是谈怎么做的。再接下来"英雄的光辉就如同太阳，唯有其光芒万丈，才能让世界看得见这个民族的美好品德，方能赢得别人的尊重"几句的语意重心才又转回必要性上。在这种情况下，"而有了英雄，当然应该用心维护其英名"一句破坏了前后句之间的连贯，所以，宜将这一句删去。

## 第三十六讲

# 例证后要有点明例证意旨的语言

议论文用例之后往往要用一两句话点明或揭示所用例子的意旨，以便使例证与中心紧密扣合。因此，例证后的句子千万不要偏离主题或中心论点。

如《雏鹰报》第三十五期第二版三（3）班陈××同学的作文《以守之心　护英雄永存》原稿的第三段：

维护英雄形象，才能维护民族尊严。一个民族是需要英雄的，而有了英雄，当然应该用心维护其英名。英雄的光辉就如同太阳，唯有其光芒万丈，才能让世界看得见这个民族的美好品德，方能赢得别人的尊重。金沙江畔，乌蒙山前，雪山草地之上，红军英雄们的身影辗转其间。维护他们的形象，侵华日军的罪行才能昭示天下，我们民族的尊严方可维持。

## 宜改为：

维护英雄形象，就是维护民族尊严。一个民族是需要英雄的，英雄的光辉就如同太阳，光芒万丈，让世界能看得见这个民族的美好品德，进而赢得其他民族的尊重。金沙江畔，乌蒙山前，雪山草地上，红军英雄们曾转战其间。维护他们的形象，就是维护我们中华民族救亡图存、生生不息的民族精神。

本段的中心句是"维护英雄形象，就是维护民族尊严"，而原稿最后"侵华日军的罪行才能昭示天下"这句话却将话题偏移到了揭露日军罪行上，宜删去该句。另外，由"金沙江畔，乌蒙山前，雪山草地之上，红军英雄们曾辗转其间"中所用的例子可知，这几个例子体现的是民族尊严中"救亡图存、生生不息"的民族精神，所以，宜将最后一句改作"维护他们的形象，就是维护我们中华民族救亡图存、生生不息的民族精神"，这样，才能有针对性地点明所援引例证的意旨。

# 第三十七讲

## 审题是个细致活儿

### ——从"作文标题要同题干要求保持高度一致"谈起

如《雏鹰报》第三十五期第三版二（10）班刘××和二（9）班陆××的作文标题。这次训练的作文题目是 2019 年高考语文新课标全国卷 I：

材料：2049 年，我们的共和国将迎来百年华诞。届时假如请你拍摄一幅或几幅照片来显现中华民族伟大复兴的辉煌成就，你将选择怎样的画面？请展开想象，以"共和国，我为你拍照"为题，写一篇记叙文。

要求：想象合理，有叙述，有描写，可以写宏大的画面，也可以写小的场景，以小见大。

二（10）班刘××的作文标题是"共和国　我为你拍照"，二（9）班陆××的作文标题是"共和国我为你拍照"。乍一看这两个标题没有什么不妥当，审视后发现两位同学的标题均漏掉了一个逗号。尽管陆同学的标题在"共和国"后空出了一个格，但仍可以说是不符合题干的要求，因为题干要求"以'共和国，我为你拍照'为题，写一篇记叙文"，题干中的"共和国"三字后面加的是一个逗号。这是细节，但细节是不容忽视的。

仔细审这道题会发现题目中还有很多细节。比如"届时"两个字就要求写作者必须站在 2049 年这个时间节点上来写，"我们的共和国将迎来百年华诞"要求写作时还要把握"百年华诞"这个关键节点来写。"假如请你拍摄一幅或几幅照片"是要求写作者通过选拍"照片"的形式来表现主题。那么，表现什么主题呢？根据下文"来显现中华民族伟大复兴的辉煌成就"可以看出是要突出祖国建设成就辉煌的主题。"一幅或几幅图片"，意思是拍摄的照片可以是一个方面的一张照片，也可以是几个方面的多幅照片，但主题是一致的。"怎样的画面"不同于"哪些画面"，"哪些"强调的是数量或角度，"怎样"强调的是性质或特点。比如是农业的丰收，是工业的发展，还是教育的腾飞？这里的"工业、农业、教育"不是写作重点，重点是"发展""丰收"和"腾飞"。只有刻画出了"发展""丰收"和"腾飞"，才能呼应题目要求的"辉煌成就"。"写一篇记叙文"限定了这次作文的体裁，"想象合理"要求考生一定要运用想象的手法，并且要合理，不能只写当前的事实。"有叙述，有描写"还明确了这篇记叙文要突出运用叙述、描写这两种表达方式，这就明示了本次作文是对学生这两方面写作能力的重点考查，那么，在写作时就要充分考虑对"叙述"和"描写"这两种表达方式的基本要求甚至较高的表达艺术了。比如记叙的顺序、人称、要素，人物描写、景物描写、场面描写、正侧描写，等等。"可以写宏大的场面，也可以写小的场面"，不同于"可以写宏大的场面或写小的场面"，也就是说，两种场面可以任选其一，也可以同时写。"以小见大"要求考生在刻画具体场景时要时时扣住"辉煌成就"这个大主题。

# 第三十八讲

## 动词宾语宜具体，忌抽象

如《雏鹰报》第三十五期第三版二（10）班刘××同学的作文《共和国，我为你拍照》原稿的第一段：

明天是 2049 年 10 月 1 日，共和国迎来了她的百年华诞，望着镜中自己刚毅的面孔，不由得感慨时间过得真快，转眼间就要到知天命之年了。回望这几十年来共和国的巨大变化，我情不自禁地掏出相机，想要将共和国所取得的美好一一珍藏。

**宜改为：**

明天是 2049 年 10 月 1 日，共和国将迎来她的百年华诞，我望着镜中自己皱纹纵横的面孔，不由得感慨时间过得真快，转眼间就要到知天命之年了。回顾共和国这几十年来的巨大变化，我情不自禁地掏出相机，想要将共和国所取得的成就一一拍摄珍藏。

原稿最后一句"想要将共和国所取得的美好一一珍藏"中的"美好"是"珍藏"的对象，但它是一个抽象词语，表意含糊，不宜作宾语，也不易于展开下文，不如改为"成就"会更具体形象一些，也便于下面行文的展开。

## 第三十九讲

# 多个例证共用时一般要按时间顺序排列

如《雏鹰报》第三十五期第三版二（9）班姜××同学的作文《说纽带》原稿的第三段：

中华文明五千年，源远流长；四大文明古国，独立至今；炎黄始族文化，薪火相传。作为一个泱泱大国，经济、社会、军事、外交等各方实力均不能少，然究其根本，还需文化为之基石。民族文化，是民族的根；文化传承，是发展的根。丝绸之路，连接了中外贸易，唐服，却连接了盛唐与当下；孔子学院，连接了多元文化，四书，却连接了"仁""礼"与发展；青蒿素，连接了医药成果，《本草》，却连接了中药与健康。每一个物件，都是千百年来中华文明的结晶，它们作为纽带，连接了炎黄始祖与我们，连接了中华民族五千年的文明，千年不散，千年不失。

**宜改为：**

中华文明五千年，源远流长；炎黄始族文化，薪火相传。作为一个泱泱大国，经济、政治、军事、外交等各方实力均不能弱，然究其根本，还需文化为之奠基。民族文化，是民族的根；文化传承，是发展的根。四书五经，记载了"仁""义""礼""智"；丝绸之路，连接了中外贸易；汉服唐装，连接了汉唐与当下；《本草纲目》连接了中药与健康；孔子学院，连接了多元文化；青蒿素，连接了中国与世界。这些，都是中华文明的结晶，它们作为纽带，连接了炎黄始祖与当下国民，连接了中华民族与世界友邻，千年不散，万年不朽！

原稿列举了"丝绸之路""唐服""孔子学院""四书""青蒿素""本草纲目"六个事例，说服力很强，但"四书"这个例子从时间上看宜放在"丝绸之路"的前面，尽管"四书"的名字出现在宋代，但这里的"四书"指的是《论语》《大学》《孟子》《中庸》四部书，而这四部书都出现在先秦，所以宜放在"丝绸之路"的前面。同理，"本草纲目"是明代李时珍的作品，宜放在"唐服"之后。

# 第四十讲

# 语句间逻辑一般宜遵循由小到大、由浅到深的顺序

如《雏鹰报》第三十五期第二版三（3）班陈××同学的作文《秉一颗诗心　承文化瑰宝》原稿的第五至第七段：

有人担心当代中国人会丢掉自己的精神家园，但在武亦姝身上，在百人团的诗词爱好者身上，在每一个捧读古典诗词的中华儿女身上，我们看到了希望，看到了中华文化前景一片辉煌。

《中国诗词大会》上一位选手曾说，美人当以玉为肤，雪为肌，诗词为心。其实，无论男女，不分秉一颗诗心的人，就是气质超凡脱俗的人，就是有情怀的人，就是热爱生活，热爱文明的人。

所以，我要为全民学诗词的风气叫好，为在《中国诗词大会》号召下学习古典诗词的人点赞。期待每一个华夏儿女，都可秉一颗诗心承中华文明，期待我泱泱大国，诗词成风！

**宜改为：**

有人担心当代中国人会丢掉自己的精神家园，但在武亦姝身上，在百人团的诗词爱好者身上，在无数位捧读古典诗词的中华儿女身上，我们看到了希望，也仿佛看到了中华文化前景一片辉煌。

《中国诗词大会》上一位选手曾说：美人当以玉为肤，雪为肌，诗词为心。其实，无论男女，不分年龄，秉一颗诗心的人，就是气质超凡脱俗的人，就是有情怀的人，就是热爱生活、热爱文明的人。

所以，我要为在《中国诗词大会》号召下学习古典诗词的人点赞，为全民学诗词的风尚叫好。期待每一位华夏儿女，都能秉一颗诗心，让学诗词成风，期待我泱泱大国，文明更灿烂！

原稿第五段的第二、三、四三个分句依次从"武亦姝""百人团""每一个捧读古典诗词的中华儿女"三个角度表现中华文化的希望。这三个分句从逻辑上体现了由小到大的顺序，不过，如果把"每一个"改为"无数位"会更好，改后逻辑更严谨了。

原文第七段第一句的三、四两个分句是由"全民学诗词的风气"写到"在《中国诗词大会》号召下学习古典诗词的人"，这个排列是由大到小，不如调换成由小到大、

由浅到深的顺序，这样会更合逻辑。另外，第二句的第三、四两个分句中的"中华文明"与"诗词成风"也有违逻辑，不如调换顺序，调换后，由"诗词文化"扩展到"整个文明"，既合逻辑，也更能体现学习"诗词文化"的深远意义。

上段其他几处修改如下：

将"不分秉一颗诗心"改为"不分年龄"，以便与前面的"无论男女"构成逻辑严密的并列，否则，显得语无伦次。

将"每一个"改为"每一位"，在选用表示"人"的数量词时，用"位"比"个"显得尊重人。

将"都可"改为"都能"，"都能"比"都可"语气肯定，表达有力。

将"承中华文明"改为"让学诗词成风"，改后明确地扣住了本文的主题。

# 第四十一讲

# 句子整齐易显文采

如《雏鹰报》第三十四期第一版三（12）班段××同学的作文《留住书香》原稿的第一段：

你读书的时候，你读的是什么？史学家说：我读的是千秋万代，兴盛衰败。科学家说：我读的是未来无限，创新无境。经济学家说：我读的是金钱社会，充满铜臭又引人入胜。文艺青年说他读的是情怀。都市白领说他读的是效率……

书就是这样，散发着无穷魅力。然而，随着人类文明的高度发展，当纸质书撞上内容丰富又方便的电子书，何去何从？

## 宜改为：

捧一本纸质书，你读的是什么？史学家说：我读的是千秋万代事、兴衰成败理。科学家说：我读的是未来无限好、创新无止境。经济学家说：我读的是经贸往来、市场变幻。文艺青年说：我读的是梦想，是情怀。都市白领说：我读的是速度，是效率。书就是这样，于墨香中散发出无穷魅力。然而，随着科技的飞速发展，当纸质书撞上内容丰富又携带方便的电子书，墨香是否还能依旧？

原稿运用了排比修辞，很好，但这几个排比句的句式不够整齐，前三个采用了"××家说：我读的是××"的句式，后两个却变了句式。句式有变化也不是不好，但不如修改一下，让这五个句子句式整齐统一更好。同时，这五个句子内的两个分句之间也力争让它们整齐统一起来，比如可以将它们内部两个分句的主体部分改作"千秋万代事、兴衰成败理""未来无限好、创新无止境""经贸往来、市场变幻""是梦想，是情怀""是速度，是效率"。经过这一番调整，句式变得大体一致了，语言的文采就显示出来了，表达也更有气势了。

## 第四十二讲

# 用词要富于变化

如《雏鹰报》第三十四期第一版三（12）班段××同学的作文《留住书香》原稿的第四段：

书香四溢的社会背后，是一个民族对文化传统的传承与发展，是对历史的敬畏，是对时代的推动。中国的书，从墙上搬到地上，从石板上飘至竹简再到丝绸之上，而后的各种纸直至今日。这些都承载了数千年的文化熏陶，那书早已不只是书，那字早已不只是墨，是文化，是艺术表现形式！

**宜改为：**

书香四溢的社会，表现出这个民族对优秀文化传统的传承与弘扬，这是对历史的敬畏，也是对文化发展的推动。我国的书，从墙壁走到石板面儿，又走进竹木简里，再飘到丝绸上，而后渗在宣纸内，直至今日的各种纸张间。它承载着数千年的文化和历史，那书早已不只是书，那字早已不只是符号，它们是文化，是艺术，是血脉中的温度，是屹立不倒的意志！

原稿第二句"中国的书，从墙上搬到地上，从石板上飘至竹简再到丝绸之上，而后的各种纸直至今日"运用了"搬到""飘至""再到"三个动词，语言是富于变化的，很好。如果将我国书籍演进的历史再写详细一点儿，将落脚点的方位词再细腻化、多样化、针对性一些，可以把这句话换为"我国的书，从墙壁走到石板面儿，又走进竹木简里，再飘到丝绸上，而后渗在宣纸内，直至今日的各种纸张间"，这样，变化运用"走到""走进""飘到""渗在"这几个动词和"面儿""里""上""内""间"这几个方位词，表达就细腻严谨、灵动多彩了。

## 第四十三讲

# 文章结尾宜扣题或升华

如《雏鹰报》第三十四期第二版三（12）班段××同学的作文《留住书香》原稿结尾的三段：

书的地位不是无情的电子设备所能动摇，而新科技只得成为它的推力器，以书本身为载体再添上虚拟背后的体验，才是电子书的本来面貌！于此，新科技与传统整合发展，才能带动时代阅读的发展和文化的弘扬！

电子时代虽来临，书香世界不可欺！

虚拟传统相融合，留住书香定有期！

### 宜改为：

纸质书的存在，既不能被消灭，也难以被取代。

留住书香，留住历史，留住文化，留住民族的精、气、神。

该文的中心是"留住书香"，而倒数第三段的第二、三分句却脱离了中心，写到"提倡新科技电子书与传统纸质书的整合发展"上来，这是不妥的。可以留住富有哲理的第一分句，然后用一句话回扣全文，采用逐次递进的词语"留住书香，留住历史，留住文化，留住民族的精、气、神"来扣住中心，这便让文章的主题得到了升华。

# 第四十四讲

## 交代人物身份要准确和明显

如《雏鹰报》第三十四期第三版三（3）班杨××同学的作文《长路漫漫，以书为伴》原稿的第二段：

"书卷多情似故人，晨昏忧乐每相亲。"书可使我们跨越时间和空间的阻隔，了解先贤的精神追求。文学大儒朱熹有言："读书之乐乐何如，绿满窗前草不除；读书之乐乐无穷，瑶琴一曲来熏风；读书之乐乐陶陶，起弄明月霜天高；读书之乐何处寻，数点梅花天地心。"南宋词人尤袤曾说："饥读之以当肉；寒读之以当裘；孤寂而读之，以当友朋；幽忧而读之，以当金石琴瑟也。"以书为伴，可以使我们的思想更加成熟。

**宜改为：**

"书卷多情似故人，晨昏忧乐每相亲。"书可以使我们跨越时间和空间的阻隔，陶醉于先贤的精神追求，感受到他们对读书生活的热爱。南宋著名的理学家、思想家朱熹用四首诗谈读书的乐趣："读书之乐乐何如，绿满窗前草不除"；"读书之乐乐无穷，瑶琴一曲来薰风"；"读书之乐乐陶陶，起弄明月霜天高"；"读书之乐何处寻，数点梅花天地心"。南宋著名诗人尤袤曾说："饥读之以当肉；寒读之以当裘；孤寂而读之，以当友朋；幽忧而读之，以当金石琴瑟也。"可见，可以使人生快乐，不寂寞。

原稿用"文学大儒"来形容朱熹的身份不够准确，朱熹最显著的身份是"理学家"，所以，宜将"文学大儒"改为"南宋著名的理学家、思想家"，使朱熹的身份准确、明显，有利于增强说服力。同样，用"南宋词人"来界定尤袤的身份也不太恰当，尤袤与杨万里、范成大、陆游并称为"南宋四大诗人"，所以，将他前面的定语"词人"换为"诗人"会更恰当一些。

# 第四十五讲

# 被引用的内容的出处不相同时要用引号分开

如《雏鹰报》第三十四期第三版三（3）班杨××同学的作文《长路漫漫，以书为伴》原稿的第二段：

"书卷多情似故人，晨昏忧乐每相亲。"书可使我们跨越时间和空间的阻隔，了解先贤的精神追求。文学大儒朱熹有言："读书之乐乐何如，绿满窗前草不除；读书之乐乐无穷，瑶琴一曲来薰风；读书之乐乐陶陶，起弄明月霜天高；读书之乐何处寻，数点梅花天地心。"南宋词人尤袤曾说："饥读之以当肉；寒读之以当裘；孤寂而读之，以当友朋；幽忧而读之，以当金石琴瑟也。"以书为伴，可以使我们的思想更加成熟。

**宜改为：**

"书卷多情似故人，晨昏忧乐每相亲。"书可以使我们跨越时间和空间的阻隔，陶醉于先贤的精神追求，感受到他们对读书生活的热爱。南宋著名的理学家、思想家朱熹用四首诗谈读书的乐趣："读书之乐乐何如，绿满窗前草不除"；"读书之乐乐无穷，瑶琴一曲来薰风"；"读书之乐乐陶陶，起弄明月霜天高"；"读书之乐何处寻，数点梅花天地心"。南宋著名诗人尤袤曾说："饥读之以当肉；寒读之以当裘；孤寂而读之，以当友朋；幽忧而读之，以当金石琴瑟也。"可见，以书为伴，可以使人生快乐，不寂寞。

原稿引用朱熹的四个诗句并不出自他的同一首诗，而是来自他的四首诗。如果把它们放在同一个引号之内，表示的是它们出自同一首诗，这是不正确的。可以用四个引号分别隔开这四句诗，以标明这四句诗的出处是不同的，这样表达就明白、严谨了。改文又加上"用四首诗谈读书的乐趣"这个提示语，表意就更明白了。

## 第四十六讲

# 及时分析引文，避免"掉书袋"

如《雏鹰报》第三十四期第三版三（3）班杨××同学的作文《长路漫漫，以书为伴》原稿的第二段：

"书卷多情似故人，晨昏忧乐每相亲。"书可使我们跨越时间和空间的阻隔，了解先贤的精神追求。文学大儒朱熹有言："读书之乐乐何如，绿满窗前草不除；读书之乐乐无穷，瑶琴一曲来薰风；读书之乐乐陶陶，起弄明月霜天高；读书之乐何处寻，数点梅花天地心。"南宋词人尤袤曾说："饥读之以当肉；寒读之以当裘；孤寂而读之，以当友朋；幽忧而读之，以当金石琴瑟也。"以书为伴，可以使我们的思想更加成熟。

### 宜改为：

"书卷多情似故人，晨昏忧乐每相亲。"书可以使我们跨越时间和空间的阻隔，陶醉于先贤的精神追求，感受到他们对读书生活的热爱。南宋著名的理学家、思想家朱熹用四首诗谈读书的乐趣："读书之乐乐何如，绿满窗前草不除"；"读书之乐乐无穷，瑶琴一曲来薰风"；"读书之乐乐陶陶，起弄明月霜天高"；"读书之乐何处寻，数点梅花天地心"。南宋著名诗人尤袤曾说："饥读之以当肉；寒读之以当裘；孤寂而读之，以当友朋；幽忧而读之，以当金石琴瑟也。"可见，以书为伴，可以使人生快乐，不寂寞。

原稿有三处引用，可以说论据是充分的。第一处的"书卷多情似故人，晨昏忧乐每相亲"是明代于谦《观书》中的名句，生动地表现了诗人读书不倦、乐在其中的情态，放在段首，是全段的中心句。但接下来的"书可使我们跨越时间和空间的阻隔，了解先贤的精神追求"这一支撑句的着意点却落在了书可以"跨越阻隔"上，这是对中心句分析不贴切的表现，宜加上一句"感受到他们对书的热爱"，使之揭示引文的中心。

第二处引用了朱熹的四句诗，引用前后都没有对所引诗句进行分析，第三处引用尤袤的诗句，也没有进行相应的分析。文段结尾的分析句"以书为伴，可以使我们的思想更加成熟"又脱离了中心，所以，整个文段给人"掉书袋"之感。

我们可以在引用朱熹的四个诗句前加"谈读书的乐趣"来点明引用诗句的用意，在文段结尾把"思想更加成熟"改为"人生快乐，不寂寞"来点明第二、三两处引文的主旨。这样，有了对引文的针对性分析，文段中的几个语句才能融为一体，中心才突出。

# 第四十七讲

# 总结句要结得"一针见血"

如《雏鹰报》第三十四期第三版三（3）班杨××同学的作文《长路漫漫，以书为伴》原稿的第四段：

"若有诗词藏于心，岁月从不败美人。"如今，各路美女网红纷纷出世，然却往往只是昙花一现。究其原因，不过是因为她们大都只是依靠漂亮外表获得众人的眼球，缺乏面子背后的"里子"。美丽的外表只能赢得暂时的关注，唯有那种饱读诗书，提升自己内在修养的美人才能真正拥有持久的芬芳。以书为伴，可以使我们的人生更加美好。

**宜改为：**

"若有诗词藏于心，岁月从不败美人。"如今，各路美女蹿红网络，却往往是昙花一现。究其原因，不过是她们大都依靠漂亮外表获得众人的青睐，缺乏"面子"背后的"里子"。美丽的外表只能赢得暂时的关注，唯有那种饱读诗书、提升自己内在修养的美人才能真正拥有持久的芬芳。以书为伴，可以使我们的素养得到提升。

这段话的主旨是谈"饱读诗书"对提升一个人素养的巨大作用，举网红与饱读诗书者的例子是用对比手法来支撑主旨的，这种构思很好。但是，结尾句却归结为"以书为伴，可以使我们的人生更加美好"，这句话中的"人生更加美好"用语笼统，缺乏针对性，不如紧扣到"提升素养"上来，这样才能达到"一针见血"的效果。联系全文的话题和本文的标题，宜将末尾句改作"以书为伴，可以使我们的素养得到提升"，改后，总结句的针对性就明显多了。

## 第四十八讲

# 论据与总起句、总结句要有证明和被证明的关系

如《雏鹰报》第一百四十七期第一版二（11）班贾××同学的作文《矢志不渝，终成合抱木》原稿的第三、四两段：

矢志不渝，要的是接受真实自我，坚守初心。杨绛先生说，"你抬头自卑，低头自得，唯有平视，才能看到真实的自己。"诚然，树木没有因为自己不够高而郁结不已，也没有因为自己已经很高而停止生长，它接受真实的自己，也不曾放弃自己的志向，述及此，不得不谈小镇青年庞众望，他以高分录入清华，但家人瘫痪，穷困潦倒的家世却令人唏嘘。被问及此事，他说："我的家庭很好，他们应该羡慕我才对。"想必这便是大家应有的生活态度，不必纠结于当下的自己，也不必忧虑于明天的未来。

**宜改为：**

要想矢志不渝，必须保持平常心。杨绛先生说："无论人生上到哪一层台阶，阶下有人在仰望你，阶上有人在俯视你。你抬头自卑，低头自得，唯有平视，才能看到真实的自己。"杨绛先生一生并没有奋力高喊女性解放、女性独立等口号，而是利用散文进行温婉的反省，进而确立了女性的意识。正如青松不会因为生在山涧而蜷枝缩叶，也不会因为立在峰巅而肆意疯长。河北沧州市吴桥中学的庞众望，出身寒门，他的母亲因幼年患婴儿瘫，常年卧病在床，生活不能自理。他的父亲患精神分裂症，需要家人照料。全家五口人的生活仅靠七旬的爷爷奶奶来维持，尽管生活如此艰难，但他仍保持平常心，一心向学，志在清华。当被问及家庭的苦难时，他说："我的家庭很好，他们应该羡慕我才对。"2017年他以沧州市理科状元的骄人成绩考入清华大学。在抵达峰顶的过程中，可能会有鲜花掌声，也可能有狂风骤雨，唯有保持平常心，才能矢志不渝，抵达顶点。

原文第一句话是该段的中心观点：要真实，守初心。杨绛先生的话是作为理论论据来证明本段的中心论点的。杨绛先生的原话是这样的："无论人生上到哪一层台阶，阶下有人在仰望你，阶上有人在俯视你。你抬头自卑，低头自得，唯有平视，才能看到真实的自己。"作者没有把这几句话引用完整，我们读了这些完整的句子之后才能理解"你抬头自卑，低头自得"的确切含义，才能理解她这句话的重点是在强调"平视"的心态，与本段中心句强调的"要真实，守初心"是没有证明与被证明关系的。

接下来，作者写树木的几句，是在运用类比论证，但"树木没有因为自己不够高而郁结不已，也没有因为自己已经很高而停止生长"两句缺乏逻辑，然后，把树木生长的原因归结为"不曾放弃自己的志向"，与本段中心观点也是不契合的。

再接下来写小镇青年庞众望的事例，体现的是他乐观的态度，也与"初心"无关。最后的总结句"不必纠结于当下的自己，也不必忧虑未来"更偏离了本段论证的观点。

统观这三个论据，它们都强调了保持平常心的重要性，可以更换本段中心论点。段落结尾还可以用一句总结性的话语来总结论据，回扣论点，这样，这个段落才完整。

## 第四十九讲

# 从材料引出的观点要恰切

如《雏鹰报》第三十四期第一版三（3）班杨×同学的作文《最是书香能致远》原稿的第五段：

科技的进步使人们足不出户便可以领略和感知世界的变化。与阅读相比，人们更喜欢关注周围的新鲜事物，久而久之，阅读观念便日渐淡化，甚至有些人索性放弃阅读。然而，阅读远不该仅止于此。培根在《论读书》中说："读史使人明智，读诗使人灵秀。"阅读可以让我们感受到"黄鹤之飞尚不得过，猿猱欲度愁攀援"的蜀山之险要，让我们体验到"会当凌绝顶，一览众山小"的壮阔，让我们领略到"莫听穿林打叶声，何妨吟啸且徐行"的林雨漫步之悠闲。阅读带给我们的这些感受远比一张简单的图片来得更有意义，于阅读之中感知自然山水的变化，我们便可以收获对行云流水，鸟语花香的切身感受。

### 宜改为：

科技的进步使人们足不出户便可以通过网络领略自然风景和感知人世的变化。与阅读文字相比，当下很多人更喜欢以看图看视频的方式欣赏自然，了解人世，久而久之，阅读观念便日渐淡化，甚至有些人索性放弃了阅读。然而，了解自然与人世远不该仅止于此。培根在《论读书》中说："读史使人明智，读诗使人灵秀。"阅读可以让我们感受"黄鹤之飞尚不得过，猿猱欲度愁攀援"的蜀山之险，阅读可以让我们领略"会当凌绝顶，一览众山小"的泰山之壮，阅读可以让我们体悟"莫听穿林打叶声，何妨吟啸且徐行"的苏子之狂。阅读带给我们的这些感受远比一张简单的图片来得更有意义。于阅读之中感知自然变化和人世沧桑，可以使我们的感受更深切。

原稿有三处引用了诗词，并由这三处诗词引出了自己的观点，这种构思能使文章内容充实，含蕴丰厚，文采斐然，也增强了说服力，很好。但从这些句子引发的观点一定要力求恰切。比如，读者从"黄鹤之飞尚不得过，猿猱欲度愁攀援"两句感受到蜀山之"险"是比较恰切的，从"一夫当关，万夫莫开"两句才能感受到蜀山之"要"，所以，宜将原稿中"险要"的"要"字删去。从"会当凌绝顶，一览众山小"两句中领略到泰山的"壮"是恰当的，所以宜将原稿中"壮阔"中的"阔"字删去。从"莫听穿林打叶声，何妨吟啸且徐行"两句中体悟到苏轼的"疏放"或"狂傲"是恰当的，所以要对原稿中的"悠闲"加以修改。

# 第五十讲

# 讲道理时，用"你"不如用"我们"更易引发共鸣

如《雏鹰报》第三十四期第三版三（3）班郭××同学的作文《拒绝怯懦　选择勇敢》原稿的第七、八两段：

生活哪能没有坎坷，一帆风顺的人生少之又少。每一次挫折都是生活给予你的考验：选择怯懦退缩，前路所有的可能都变成了不可能；选择勇敢前行，前路再多的绝境也会有翻身的希望，因为没有尝试，就永远不可能成功。

就如同我们的一次次考试。一次考试的失败就将你的信心打落，从此自暴自弃，自怨自艾，那么当高考到来时，你所能感受到的只有绝望；相反，就算再多次的失败，只要你坚持爬起来，继续勇敢前行，高考又有何惧？那终将成为你逆袭的华丽舞台。

**宜改为：**

生活哪能没有坎坷，一帆风顺的人生少之又少。每一次挫折都是生活给予我们的考验：选择怯懦退缩，前路所有的可能都变成了不可能；选择勇敢前行，前路再多的绝境也会有翻身的希望。没有尝试，就永远不可能成功！

就如同我们的一次次考试，如果一次考试的失败就将我们的信心击溃，从此自怨自艾、自暴自弃，那么，当高考到来时，我们所能感受到的只有绝望；相反，就算有再多次的失败，只要我们坚持爬起来，继续勇敢前行，高考又有何惧？那极可能是我们实现逆袭的华丽舞台。

原稿这两段有五句话都运用到了第二人称代词"你"："每一次挫折都是生活给予你的考验""一次考试的失败就将你的信心打落""你所能感受到的只有绝望""只要你坚持爬起来""那终将成为你逆袭的华丽舞台"。频繁的"你"字让读者感到一种浓重的说教味，仿佛这样的道理与写作者无关一样。

在记叙文、散文、诗歌写作中，恰当地运用第二人称代词"你"是一种修辞，叫呼告。呼告这种修辞能传达出一种好似作者与读者面对面交流的亲近感、亲切感。但在说理文中，如果"你"字运用不当，会给人一种说教味很浓的感觉。这时候，不妨将"你"改为"我们"，以便拉近作者与读者的距离，引发共鸣。

## 第五十一讲

# 近指的"这"和远指的"那"要分清

如《雏鹰报》第三十四期第三版三（3）班谢××同学的作文《爱在心间　动于指尖》原稿的第二段：

如果只是在嘴上称喜欢，却不去付诸行动，那只能证明还不够喜欢。有许多明星都有疯狂的粉丝。这些粉丝会高兴着偶像的高兴，悲伤着偶像的悲伤，也有许多人称他们"忠实粉丝"，其实，并不是的，一切都是因为他们太喜欢这名偶像了。他们会因为自己的爱豆取得成就而欢呼，他们会为爱豆歇斯底里地加油呐喊，一切的一切皆因内心那份真挚的爱。如果不够喜欢，恐怕是不会这么投入，这么忘我吧！

**宜改为：**

如果只是在嘴上称喜欢，却不去付诸行动，那只能证明还不够喜欢。许多明星都有疯狂的粉丝，这些粉丝会高兴着偶像的高兴，悲伤着偶像的悲伤。也有许多人称他们是"忠实粉丝"，其实，他们并不是脑残，一切痴狂都是因为他们太喜欢这名偶像了。他们会因为自己的爱豆取得成就而欢呼，他们会为爱豆歇斯底里地加油呐喊，一切的一切皆因内心那份真挚的爱。如果不够喜欢，恐怕是不会那么投入、那么忘我吧！

原稿最后一句"如果不够喜欢，恐怕是不会这么投入，这么忘我吧"一句中用了两个"这"字。"这"字是近指，指眼前的人或事，而文段中讲的有关明星粉丝"投入""忘我"的事例显然是已经发生过的，并且是发生在其他人身上的事，运用指示代词时要用远指的"那"，而不应该用近指的"这"，所以将这个句子改为"如果不够喜欢，恐怕是不会那么投入、那么忘我吧"会更好。

# 第五十二讲

## 谨慎使用绝对化词语

如《雏鹰报》第三十四期第三版三（3）班郭××同学的作文《拒绝怯懦，选择勇敢》原稿的第二段：

世间一切悔恨都源于人心底的怯懦，因为害怕，所以不敢；因为不敢，所以错过；因为错过，所以悔不当初。所以，怯懦者，永远止步不前，唯有勇敢者，方能迈步前行，不留遗憾。

### 宜改为：

世间悔恨有很多源于人心底的怯懦。因为怯懦，所以不敢；因为不敢，所以错过；因为错过，所以悔不当初。所以，怯懦者，永远止步不前；唯有勇敢者，方能迈步前行，不留遗憾。

原稿第一句"世间一切悔恨都源于人心底的怯懦"中的"一切""都"用语绝对化。从常理来看，造成悔恨的除了"怯懦"还可能会有"疏忽大意""敷衍塞责""浪费光阴"等等，所以，宜将这句话改为"世间悔恨有很多源于人心底的怯懦"，改后的表达就更严谨了。

## 第五十三讲
# 前后话题应保持高度一致

如《雏鹰报》第三十四期第三版三（3）班郭××同学的作文《拒绝怯懦，选择勇敢》原稿的第二段：

世间一切悔恨都源于人心底的怯懦，因为害怕，所以不敢；因为不敢，所以错过；因为错过，所以悔不当初。所以，怯懦者，永远止步不前，唯有勇敢者，方能迈步前行，不留遗憾。

### 宜改为：

世间悔恨有很多源于人心底的怯懦。因为怯懦，所以不敢；因为不敢，所以错过；因为错过，所以悔不当初。所以，怯懦者，永远止步不前；唯有勇敢者，方能迈步前行，不留遗憾。

原稿"因为害怕，所以不敢"一句中的"害怕"一词虽然与"怯懦"是近义词，但内涵毕竟有差别，全文和该段阐述的中心话题是"怯懦"，宜围绕"怯懦"这个词来阐述。因此，最好将"害怕"改为"怯懦"，这样，既扣住了题目，前后句句式更一致，语气也更连贯了。

# 第五十四讲
# 一段一个中心足矣

如《雏鹰报》第一百四十七期第三版三（10）班王××同学的作文《点燃生命之微火，照亮幸福之通途》原稿的第六、七两段：

"圣人不利己，忧济在元元"，在"众乐乐"中播撒幸福。

漫溯千秋，前人车马辚辚，印拓的是"九州大地"；先贤衣襟飘然，激荡的是"四海波澜"；英雄微末身躯，铭刻的是"家国天下"。克己奉公的魏徵，宁鸣死不默生，孤竹一杆挑社稷，寒钟一座守河山；驰骋沙场的岳飞，披越甲执长戟，吴钩一弯斩明月，杯酒一壶映霜雪。他们始终以满腔热忱拥抱众生，殷殷寸心悲悯人世。一个人纵使穷困潦倒，仍能将山河命运、黎元幸福惦念于心，这才是达到了"圣人无己"的境界。怀抱广阔的世界，守护更多人的幸福，才是我们最大的幸福。

**宜改为：**

"圣人不利己，忧济在元元"，忧心人民能够产生幸福。

漫溯千秋，衣袂飘飘处，多少先贤守护了中华文化；车马辚辚中，多少英雄捍卫了九州统一。激荡起的是"四海波澜"，不变质的是"家国情怀"。唐初的魏徵，鉴于隋末人口流亡、经济凋敝、百废待兴的事实，力劝太宗实行有利于国计民生的休养生息政策，减免赋税、禁征中男，绥靖岭南，辅助李世民开创了"贞观之治"，造福了人民。南宋岳飞，力主抗金保国，重视人民抗金力量，缔造了"联结河朔"之谋，主张黄河以北的民间抗金义军和宋军互相配合，以收复失地。他率领"岳家军"时体恤部属，不扰人民，"冻死不拆屋，饿死不打掳"，留下了"撼山易，撼岳家军难"的不朽神话。他们或为治国良相，或为民族英雄，始终以满腔热忱拥抱众生，以殷殷寸心悲悯人世。自己虽然面对重重困难，仍然将山河命运、黎元幸福惦念于心，这才是达到了"圣人无己"的境界。心怀广阔的世界，守护更多人的幸福，才是自己最大的幸福。

原文第六段引用古人的话做段落论点。"圣人不利己，忧济在元元"语出唐代诗人陈子昂《感遇诗三十八首》，意思是高尚的人不自私自利，他所担忧的是人民大众。"众乐乐"语出《孟子·梁惠王下》，原句是"独乐乐不如众乐乐"，意思是一个人欣赏音乐快乐不如和众人一起欣赏音乐快乐，后泛指自己高兴不如大家一起高兴。孟子借此倡导"与民同乐"的政治理想。

如果用这两句话作段落中心，那么接下来第七段论证时就要从"忧民"和"与民同乐"两个方面进行。第七段展开论证的内容可以分三层，第一层肯定了政治风云变幻中先贤的爱国情怀，第二层用魏徵的例子表现了他的克己奉公精神，第三层用岳飞的例子表现了他征战讨虏时的英雄气概。以上三层意思与"不利己""忧元元""众乐乐"联系不大。这说明，论据部分未能围绕一个中心展开。我们可以根据全文的论点将本段的分论点聚焦一处，然后改编论据使它们能证明这个聚焦后的分论点。

这一段还有其他几处需要修改：

"漫溯千秋，前人车马辚辚，印拓的是'九州大地'；先贤衣襟飘然，激荡的是'四海波澜'；英雄微末身躯，铭刻的是'家国天下'"几句语意不明，改为"漫溯千秋，衣袂飘飘处多少先贤守护了中华文化；车马辚辚中，多少英雄捍卫了九州统一。激荡起的是'四海波澜'，不变质的是'家国情怀'"以扣合中心，并照应下文论证中魏徵和岳飞的例子。

原文中"孤竹一杆挑社稷，寒钟一座守河山"两句暂时查不到出处，但用来表述魏徵是不合适的。因为从意象上看，这两句应该表述一位隐逸清介的爱国之人，而魏徵官至尚书左丞，累授左光禄大夫、太子太师，封郑国公，自然不是隐逸之士。应围绕本段分论点，写出他的典型事迹。

原文用"越甲""吴钩""杯酒"表述岳飞，也不得当。"越甲""吴钩"是借代用法，借指军事装备。这两个词的内涵与我国春秋战国时期南方的吴国和越国有关。吴国国境位于今天的江苏、安徽两省长江以南部分以及环太湖浙江北部。越国疆界经历数次变更，中心大致位于今天的浙江以东地区。而岳飞是河南汤阴人，民族英雄，用吴、越等地的形象来表述岳飞是不恰当的。另外，据记载，岳飞治军一直是以身作则、纪律严整、赏罚分明，用"杯酒一壶映霜雪"来表述他也不妥当。

## 第五十五讲

# 使用不太容易理解的名言时宜适当阐释

如《雏鹰报》第三十五期第三版三（3）班陈××同学的作文《秉一颗诗心，承文化瑰宝》原稿的第一段：

"小子何莫学夫诗？诗可以兴，可以观，可以言。迩之事父，远之事君。多识于鸟兽草木之名。"

**宜改为：**

"小子何莫学夫诗？诗可以兴，可以观，可以群，可以怨。迩之事父，远之事君。多识于鸟兽草木之名。"这几句话出自《论语·阳货篇》，是孔子教导年轻人的话，阐释了学诗的重要作用。他说："同学们为什么不学诗呢？学诗可以激发热情，可以提高观察力，可以团结群众，可以抒发不满。近可以侍奉父母，远可以侍奉君王。还可以多知道些鸟兽草木的名字。"

原稿引用的文字有错讹，应改为"小子何莫学夫诗？诗可以兴，可以观，可以群，可以怨。迩之事父，远之事君。多识于鸟兽草木之名"。

文章开头引用先贤往哲的话很好，但这里在引用之后没有任何阐释，这样，把引文孤零零地放在那里，无法使它与全文融为一体。况且，这段话也不太好理解，如果不阐释一下，还会降低它的论证力量，所以，在引用后最好用几句话点明它的出处、大意及引用的目的等内容。修改后文段中的"是孔子教导年轻人的话，阐释了学诗的重要作用"一句就是对引用材料目的的阐释。

## 第五十六讲

# 可以借鉴电影长镜头或特写镜头的方法理顺思路

　　如《雏鹰报》第三十五期第三版三（3）班陈××同学的作文《秉一颗诗心，扬华夏文明》原稿的第二段：

　　千年古国，巍巍华夏，悠悠诗词。一档名为《中国诗词大会》的节目将我们的情思带回了诗歌王国。各地开始效仿央视举办类似活动，学校和家长开始要求学生背诵古诗词，在日益浮躁的当今社会，这不得不说是一股清流。只是，学习古诗词，绝不是为了攀比，为了盲目跟风，而是为了秉一颗诗心，承华夏文明。

**宜改为：**

　　巍巍华夏，五千年文明，悠悠诗词，源远流长。央视一档名为"中国诗词大会"的节目将诗词文化带入了现代生活。各地开始学习央视举办类似活动，学校、家长开始加大学生背诵古诗词的力度。在日益浮躁的当今社会，这些不能不说是一股清流。我想，学习古诗词，绝不是为了攀比，也不是为了盲目跟风，而是为了"秉一颗诗心，扬华夏文明"。

　　原稿前三句缺乏连贯性，思路混乱。第一句写"千年古国"，第二句写"中国诗词大会节目"将我们的情思"带回诗歌王国"，第三句写"各地开始效仿"和"学校、家长开始要求学生背诵古诗词"。尤其是第二句中的"带回了诗歌王国"使话题偏离了很远。我们可以学习电影由长镜头到特写镜头渐次推进的方式将思路理顺。改后的语句，由"五千年文明"写到"诗词"文化，再写到诗词"节目"将"诗词文化带入了现代生活"，然后将视点落在"各地开始效仿"和"学校、家长开始加大学生背诵古诗词的力度"，这样的思路是清晰的、连贯的。

## 第五十七讲

# 滥用"因为""所以"容易造成因果不当

如《雏鹰报》第三十五期第二版三（3）班陈××同学的作文《秉一颗诗心，扬华夏文明》原稿的第三段：

不论是"杏花疏影里，吹笛到天明"的欢乐，还是"杨柳岸，晓风残月"的感伤，不论是"乱石穿空，惊涛拍岸"的壮阔，还是"三秋桂子，十里荷花"的恬美，古典诗词名作，都有着无穷的韵味，生为华夏儿女，我们每一个人都是幸运的，因为我们有着如此丰厚的精神土壤。传承这千年的文明，更是我们义不容辞的责任。所以，我要为社会学诗的风气叫好，我希望，每个中华儿女，都可秉一颗诗心，扬华夏文明。

**宜改为：**

不论是"杏花疏影里，吹笛到天明"的欢乐，还是"杨柳岸，晓风残月"的感伤，不论是"乱石穿空，惊涛拍岸"的壮阔，还是"三秋桂子，十里荷花"的静美，古典诗词名作，都含着无穷的韵味。生为华夏儿女，我们幸运于有着如此丰厚的诗词土壤。传承这千年的文明，是我们义不容辞的责任。所以，我要为社会兴起学诗的风气叫好，我希望，每个中华儿女，都可"秉一颗诗心，扬华夏文明"。

原稿中的"生为华夏儿女，我们每一个人都是幸运的，因为我们有着如此丰厚的精神土壤"一句，把华夏每个人的幸运归因到"我们有着如此丰厚的精神土壤"，片面夸大了诗词文化的作用，使前后分句之间的逻辑不严谨。可以把这句话改为"生为华夏儿女，我们幸运于有着如此丰厚的诗词土壤"，改后，让诗词文化成为"华夏儿女感到幸运"的诸多因素中的一个因素，表述要严谨得多。

再比如《雏鹰报》第三十四期第三版三（3）班谢××同学的作文《爱在心间 动于指尖》原稿的第四段：

"手不释卷"这个成语完美地诠释了对书的喜爱，所以，如果我们也喜欢读书，在最美好的年华，无问西东，抓住一切机会读书吧！不要一边说着喜欢读书，一边捧着手机不放，你可以用手机进行浅阅读，但不要用浅阅读搪塞你对书的那份喜爱。《菜根谭》中有一句写得非常好"学者要收拾精神，并归一路。如修德而留意于事功名誉，必无实诣；读书而寄兴于吟咏风雅，定不深心。"诚哉斯言，读书如果不深入，那么对书的爱也就卑微到尘埃中去了吧。所以，如果真的喜欢读书，那就一有时间，静静地捧起一部佳作，细细品味，慢慢欣赏，将这份爱发挥到极致。

## 宜改为：

"手不释卷"这个成语完美地诠释了对书的喜爱，如果我们也喜欢读书，在最美好的年华，无问西东，抓住一切机会读书吧！不要一边说着喜欢读书，一边捧着手机不放，你可以用手机进行浅阅读，但不要用浅阅读搪塞你对书的那份喜爱。《菜根谭》中有一句写得非常好："学者要收拾精神，并归一路。如修德而留意于事功名誉，必无实诣；读书而寄兴于吟咏风雅，定不深心。"诚哉斯言！读书如果不深入，那么对书的爱也就卑微到尘埃中去了吧？所以，如果真的喜欢读书，那就一有时间，静静地捧起一部佳作，细细品味，慢慢欣赏，将这份爱发挥到极致。

原稿"'手不释卷'这个成语完美地诠释了对书的喜爱，所以，如果我们也喜欢读书，在最美好的年华，无问西东，抓住一切机会读书吧"一句中虽然用了"所以"一词，前后分句之间并没有因果关系，宜删去该词。

# 第五十八讲

## 修饰语的结构也宜对应整齐

如《雏鹰报》第三十四期第四版三（17）班王××同学的作文《坚守初心》原稿的第六段：

火红火红的枫树和金黄金黄的银杏树整日数落着一身单调绿色的小松树。枫树，银杏树，多美呀，它们把叶子撒向大地，炫耀自己的美丽，冬天还没到，它们就已经光秃秃了，唯独不为所动的小松树坚守着自己"绿色"的本心，珍惜自己的每一片绿叶，到冬天还是枝繁叶茂，郁郁葱葱。坚守，就不要被那些光鲜亮丽的事物所诱惑，不被无所谓的谗言所迷住，无论身处何种景况，不抛弃，不放弃，应是我们对本心坚守的态度。

### 宜改为：

火红火红的枫树和金黄金黄的银杏树整日数落着一身单调绿色的小松树。枫树，银杏树，多美呀，它们把美丽的叶子撒向大地，炫耀自己的美丽，可是冬天还没到，它们就已经光秃秃了。不被诱惑的小松树则坚守着自己"绿色"的初心，珍惜自己的每一针绿色，到冬天还是郁郁葱葱。坚守，就不要被那些光鲜亮丽的外表诱惑，就不要被阳奉阴违的谗言迷住，无论身边世界如何喧嚣，无论处于何种景况，不抛弃，不放弃，应该是我们的态度。

原稿最后一句中"就不要被那些光鲜亮丽的事物所诱惑，不被无所谓的谗言所迷住"中的两个"所"字赘余，要删去。另外，这两个分句从整体上看结构不太对称，可以在后一个分句的相应位置加上"就""要""那些"，使第二个分句变成"就不要被那些无所谓的谗言迷住"。这样修改后，我们还可以进一步推敲，发现第一分句中"光鲜亮丽的事物"与第二个分句中"无所谓的谗言"结构也不太对称，因为"光鲜亮丽"是四字词语，"无所谓"是三字词语，并且用"无所谓"修饰"谗言"语意上欠妥，仿佛"谗言"也分"有所谓"和"无所谓"似的。我们可以仔细考虑一下"谗言"的特点，再选一个四字词语来修饰它，不妨将"无所谓"改为"阳奉阴违"。

## 第五十九讲
# 例证后的点睛句要点到关键词上

如《雏鹰报》第三十四期第四版三（17）班王××同学的作文《坚守初心》原稿的第六段：

任世间喧嚣，我自岿然不动。

火红火红的枫树和金黄金黄的银杏树整日数落着一身单调绿色的小松树。枫树，银杏树，多美呀，它们把叶子撒向大地，炫耀自己的美丽，冬天还没到，它们就已经光秃秃了。唯独不为所动的小松树坚守着自己"绿色"的本心，珍惜自己的每一片绿叶，到冬天还是枝繁叶茂，郁郁葱葱。坚守，就不要被那些光鲜亮丽的事物所诱惑，不被无所谓的谗言所迷住，无论身处何种景况，不抛弃，不放弃，应是我们对本心坚守的态度。

**宜改为：**

任世间喧嚣，我自岿然不动。

火红火红的枫树和金黄金黄的银杏树整日数落着一身单调绿色的小松树。枫树，银杏树，多美呀，它们把美丽的叶子撒向大地，炫耀自己的美丽，可是冬天还没到，它们就已经光秃秃了，唯独不被诱惑的小松树坚守着自己"绿色"的初心，珍惜自己的每一针绿色，到冬天还是枝繁叶茂。坚守，就不要被那些光鲜亮丽的外表诱惑，就不要被阳奉阴违的谗言迷住，无论身边世界如何喧嚣，处于何种景况，不抛弃，不放弃，应该是我们对初心坚守的态度。

原稿最后一句中的"无论身处何种景况，不抛弃，不放弃，应是我们对本心坚守的态度"是对本段内容的总结。可是，"何种景况"这个词用语有些宽泛，因为这两段的中心论点是"任世间喧嚣，我自岿然不动"，关键词是"喧嚣"和"岿然不动"，因此，我们可以把原文的"无论身处何种景况"改为"无论身边世界如何喧嚣"，这样既照应了上文中两种树炫耀的内容，也扣住了论点中的关键词。这里的"不抛弃、不放弃"是对"岿然不动"的巧妙回扣。

## 第六十讲

# "散珠"需用"中心"串联起来

如《雏鹰报》第三十四期第四版三（18）班曹××同学的作文《坚守自己的本色》原稿的最后五个段落：

坚守自己的本色，不畏险阻，乘风破浪。

你问竹，为什么坚持笔直地生长，却又生得轻而空？竹回答：我要的是向上不断地生长，并且我根基牢固，又何必要强求丰腴？只有硬的躯干才是我击破苍穹的依仗。我就是我，不求丰满，只为生长，无问西东，只问苍天。

岁月无声，流向迟暮。流水它带走了光阴，改变了一个又一个人。世界以痛吻你，生活骗了你，社会限制了你，但仍要以歌报之。孟子有言：动心忍性，曾益其所不能。只有经历了坎坷，才会有成长，历尽了九九八十一难，方能修成正果。

静水流深，沉静方可孕育奔涌的力量；聚沙成塔，积累才是成功的基石；步行千里，实干，方能创造辉煌美景。

为人要像一面锣一样，坚守自己的本色，然后经过千锤锻打，万般琢磨，才能在一锤定音之后，响彻云霄，声震人间！

### 宜改为：

坚守自己的本色，不畏险阻，乘风破浪。

你问竹：为什么坚持笔直地生长，却又生得瘦而空？竹回答：我要的是向上不断地生长，并且我根基牢固，又何必强求丰腴？只有硬的躯干才是我击破苍穹的依仗。我就是我，不求丰满，只为生长，无问西东，只向青天。

岁月无声，流向迟暮。流水它带走了光阴，改变了一个又一个人。世界以痛吻你，生活骗了你，社会限制了你，但你仍要以歌报之。孟子有言：动心忍性，曾益其所不能。只有经历了坎坷，才会有成长，历尽了九九八十一难，方能修成正果。

静水流深，沉静方可孕育奔涌的力量；聚沙成塔，积累才是成功的基石；步行千里，实干，方能创造辉煌美景。

这些都是坚守本色的力量。为人要像一面铜锣，虽经千锤锻打，万般琢磨，但坚守本色不变，这样，才能在一锤定音之时，声震人间，响彻云霄！

原稿的第二、三、四段都能证明中心论点：坚守自己的本色，不畏险阻，乘风破浪。我们重点来分析一下第四段，这一段中的"静水流深"突出了"沉静"的品质，"聚沙成塔"强调了"积累"的力量，"步行千里"说明了"实干"的重要，这三者都是"坚守自己本色"的优良因素，写得很好。就选文来说，由于前面两段的论述已经比较充实了，删去这三者也未尝不可，但用上这三者会让文章内容更加丰富，而且这几句话语句整齐而优美，为文章增色不少。不足之处是没有将这三者与选文的论点融合起来，于是，这些优美的句子便成了散落的珠子。我们不妨在第五段开头加上一句：这些都是坚守本色的力量。这样，用本部分的中心论点串联起这些美丽的"珠子"，文章就一体了。

# 第六十一讲

# 文眼宜频显，不宜含糊、朦胧

如《雏鹰报》第三十四期第四版三（17）班王××同学的作文《坚守初心》原稿的第四段：

著名的女作家林徽因的初心是对建筑的热爱。她本可以在豪华的寓所内挥毫泼墨，吸引无数的追求者，过上众星捧月般安逸闲适的生活。安逸闲适是好，但她更忘不了自己的初心，改不了自己对建筑的无尽深情，于是她脱掉高跟鞋，摘下明月珰，携手梁思成，从南走到北，从白走到黑，乘牛车，踩泥泞，一次次测量，一笔笔勾画，几十年的坚守，日日夜夜的汗与泪，使她为中国建筑界添上浓墨重彩的一笔，几十年如一日，岁月流逝，初心不改。

**宜改为：**

著名女作家林徽因的初心是对建筑研究的热爱。她本可以在豪华的寓所内吟风弄月或激扬文字，文坛留名，过上安逸闲适的生活。安逸闲适是好，但不是她的初心，她改不了自己对建筑的无尽深情，于是，她脱掉高跟鞋，摘下明月珰，携手梁思成，从南走到北，从白走到黑，乘牛车，踩泥泞，一次次测量，一笔笔勾画，几十年的风与雨，日日夜夜的汗与泪，最终她为中国建筑界添上了浓墨重彩的一笔。任岁月流逝，她初心不改。

第四段原稿中尽管有些语句不够准确，但运用了三个"初心"，这很好，紧紧地扣住了文章的题目、论点，也就是让"文眼"频显了。

我们再来看上面这篇文章的倒数第一段：

"世人皆醉我独醒，举世皆浊我独清。"无论世事何变，不变的都是对本心的坚守。每个人都争做时代的弄潮儿，殊不知真正的弄潮儿应是对本心的坚守者，"弄潮儿向涛头立，手把红旗旗不湿。"唯有坚守本心，才能在人生路上走得更远，走得更好。

**宜改为：**

"世人皆醉我独醒，举世皆浊我独清。"无论世事如何变幻，不变的应该是对初心的坚守。每个人都愿意争做时代的弄潮儿，真正的弄潮儿首先应是对初心的坚守者。"弄潮儿向涛头立，手把红旗旗不湿。"这红旗就是方向，就是理想，就是初心。唯有坚守初心，才能在人生路上走得更坚实，走得更高远。

　　原稿中"本心"这个词出现了三次，也可谓文眼频显了，可是，这篇文章的题目是"坚守初心"。"本心"的意思是"本来的心愿"，"初心"的意思是"最初的心愿"，两者的表意是有差别的。写文章时宜让"文眼"明确地呈现，不含糊，不朦胧。

## 第六十二讲

# 用"了""啦"收句意味大不同

如《雏鹰报》第三十期第三版一（8）班马××同学的作文《母亲》原稿的倒数第二段：

我向母亲述说自己看法的转变时，姥姥正在阳台晒太阳。姥姥的身体愈加的不好啦，母亲就把姥姥接到家里照顾，遭遇过许多不幸的姥姥，出奇的安详，我想她大抵已经放下了，现在的她像是母亲，又像是一个真正的安养天年的老人。

### 宜改为：

我向母亲述说自己看法的转变时，姥姥正在阳台晒太阳。姥姥的身体愈加地不好了，母亲就把姥姥接到家里照顾。遭遇过许多不幸的姥姥，出奇地安详，我想，她大抵已经放下了，现在的她仍是母亲，更是一个真正的安养天年的老人。

改稿除了将原稿中"姥姥的身体愈加的不好啦"中的"的"改为"地"，还将"啦"改为"了"。"啦"是句末语气词，往往含有欢快或戏谑的情感，而"了"在这里是时态助词，表示过去时态，"姥姥的身体愈加不好"后用一个"了"字能将亲人们因姥姥身体不好产生的伤感和无奈表现出来，如果用"啦"字情感就不协调了。

## 第六十三讲

# 多个指示代词容易使语意不明

如《雏鹰报》第三十四期第四版三（18）班袁××同学的作文《永远不要以貌取人》原稿的第四段：

正在热播的电视剧《恋爱先生》中，女配角乔依琳的一段话令我记忆深刻。她向朋友诉说她由于外表靓丽而所有的努力都被忽视，不信可以问问她其他的异性朋友她的优点，他们绝大多数只是说漂亮，然后哑口无言。是啊，她所有为独立生活所做的努力，都被一张脸遮盖，可能不止她一个人会有这种烦恼吧。

**宜改为：**

在热播电视剧《恋爱先生》中，女配角乔依琳的一段话令我记忆深刻。她向朋友诉说，由于外表靓丽，她所有的努力和优秀品质都被人忽视了。不信可以向她的异性朋友去打听她的优点，他们绝大多数只是说她漂亮，然后就哑口无言了。是啊，她所有为独立生活所做的努力，她在努力生活中形成的优秀品质都被一张脸遮盖了，可能不止她一个人会有这种烦恼吧。

原稿第二个句子中连用了"她""其他""他们"等多个代词，使句子读起来拗口，理解起来费力，反复读了多遍才弄明白这句话的意思。我们不妨把这里的长句断开，再加上合适的关联词、助词、语气词，使各个指示代词指代的对象明确。

# 第六十四讲

## "××是××"式句子最易出现主宾不搭配现象

如《雏鹰报》第三十四期第四版三（18）班袁××同学的作文《永远不要以貌取人》原稿的第一段：

英雄之所以为英雄者，是以先国家之急而后私己也。英雄是保家卫国的军服，英雄是全心全意为人民服务的无私，英雄是为人民嘘寒问暖的话语……英雄之气，高山仰止，景行行止。英雄之辉，熠熠烁彩，光泽玉宇，抹黑英雄，暗嘲公仆，质疑正义，诋毁伟人，种种行为如鲍鱼之肆内的臭气，令人恶心。

**宜改为：**

英雄之所以被称为英雄，是因为他们往往有先国家之急而忘我的优秀品质。英雄是保家卫国的军人，英雄是全心全意为人民服务的公仆，英雄是对困难者嘘寒问暖的志愿者……"高山仰止，景行行止。"英雄之辉，熠熠烁彩，光泽玉宇。质疑英雄，冷嘲英雄，抹黑英雄，诋毁英雄，这种种行为如鲍鱼肆内的臭气，令人恶心。

原稿有三个分句运用了"××是××"的句式，这个句式从形式上看是判断句，从修辞上看往往是比喻句。就判断句来说，"是"字前面的主语和"是"字后面的宾语在词性上应该是一样的，内涵和外延应该是相同的；就比喻句来说，"是"字前面的部分是本体，"是"字后面的部分是喻体，作为一个比喻句，本体是抽象的，喻体应该是形象的，本体与喻体之间要有相似性。

第一句"英雄是保家卫国的军服"的主语"英雄"和宾语"军服"从词性上看是相同的，从内涵和外延上看却是风马牛不相及，也就是说主语与宾语搭配不当。再从比喻这种修辞上来分析，把"军服"当作喻体来比喻本体"英雄"也是不恰当的。

第二句"英雄是全心全意为人民服务的无私"的主语"英雄"是名词，而宾语"无私"是形容词，主语与宾语的内涵和外延是明显不对等的。同时，这里的主语和宾语也是搭配不当的。从比喻这种修辞的要求上来看，用抽象的"无私"来比喻本体"英雄"也是不恰当的。

第三句"英雄是为人民嘘寒问暖的话语"的主语"英雄"和宾语"话语"从词性上看是相同的，从内涵、外延上看，明显不合逻辑。

根据以上分析，我们可以将这三个句子改为"英雄是保家卫国的军人，英雄是全心全意为人民服务的公仆，英雄是对困难者嘘寒问暖的志愿者"，这样，以三种职业诠释了英雄的含义，内容也是比较充实的。

上段其他几处修改如下：

将"英雄之所以为英雄者，是以先国家之急而后私己也"这句话改为"英雄之所以被称为英雄，是因为他们往往有先国家之急而忘我的优秀品质"，因为原句文白夹杂且缺乏逻辑，英雄往往是为国而忘我，"先国家之急而后私己"只能表现爱国，与英雄的标准还有相当距离。

删去"英雄之气"，因为这四个字放在这里与上下文皆无联系，显得突兀。

将"抹黑英雄，暗嘲公仆，质疑正义，诋毁伟人"改为"质疑英雄，冷嘲英雄，抹黑英雄，诋毁英雄"，原文没能扣住本段的话题——英雄，在语义表达上也缺乏逻辑。修改之后，紧扣了话题——英雄，"质疑""冷嘲""抹黑""诋毁"四个词由浅入深，揭露了某些人对英雄的伤害。

在"种种行为"前加上"这"字，这样能将上下句紧密联系起来。

删去"鲍鱼之肆"中的"之"，删去后，"鲍鱼肆"与下文的"内的臭气"衔接紧密。

# 第六十五讲

# 引用的内容要与表达的主旨贴合

如《雏鹰报》第三十四期第四版三（18）班袁××同学的作文《永远不要以貌取人》原稿的第四段：

"唧唧复唧唧，木兰当户织"，这样一个巾帼不让须眉的女英雄，集聪颖、勇敢、孝顺于一身，曾令多少豪杰扼腕、望尘莫及。前不久，某演员却在小品《木兰从军》中将其饰演为傻大妞形象，汇懒惰，贪婪，懦弱于一体，一味追求收视率，却在无意之间玷污了英雄本色，自然受到众人指责。

**宜改为：**

"愿为市鞍马，从此替爷征"，这样一位巾帼不让须眉的英雄花木兰，集聪颖、勇敢、孝顺于一身，曾令多少豪杰敬叹、望尘莫及。前不久，某演员却在小品《木兰从军》中将其饰演成傻大妞形象，让她集懒惰、贪婪、懦弱于一身。演员一味追求收视率，却严重地玷污了英雄，这样的演员，自然受到了众人的唾弃。

原稿中引用的"唧唧复唧唧，木兰当户织"刻画的是一个无聊、叹息的织布女的形象，而本段引用诗句的目的是要刻画出一位"巾帼不让须眉"的英雄形象，因此，原文引用的内容与表现的主旨不贴合。可以选用《木兰辞》中"愿为市鞍马，从此替爷征"或"万里赴戎机，关山度若飞"等句子。文章中所引用的内容既不可断章取义，也不可强配鸳鸯，一定要贴合主旨。

又如《雏鹰报》第二十八期第四版三（12）班姚××同学的作文《你若花开 蜂蝶自来》原稿的最后一段：

"海归潮"现象不只是现象，更是一个国家能为它的建设者们提供完善、富足、安定生活的标志，是"露从今夜白，月是故乡明"的最佳诠释。

**宜改为：**

"海归潮"现象不只是现象，更是一个国家能为它的建设者提供安定、富足生活的明证，也是"月是故乡明"的有力诠释。

原稿引用的"露从今夜白，月是故乡明"是唐朝诗人杜甫《月夜忆舍弟》一诗中的名句，这两句诗的意思是：今夜霜露格外白，月亮也是故乡的最明亮。"露从今夜白",既点明时令,也是写景,"白色"让人感受到当时的冷清环境,心间顿生寒意,意在衬托诗人对因战乱分散在不同地方的弟弟们的思念。"月是故乡明",也是写景,更融入了诗人的主观情感,普天之下共享的一轮明月,本来是没有差别的,可是诗人要说故乡的月亮最明,以此来衬托对故乡的思念。文段是以"海归潮"现象来说明日益强大、美好的祖国对赤子的巨大吸引力和凝聚力的,所以应删去"露从今夜白"一句。

## 第六十六讲

# 认真推敲所用词语的言外之意

如《雏鹰报》第三十三期第四版一（17）班李××同学的作文《作别外婆》原稿的前六段：

"我妈呢？"

我轻快地奔向客厅，把书包随意一丢，就要打开电视。

父亲默不作声，只是不停地抽着旱烟。

空气中微妙的气氛促使我放下手中的遥控器，心好像被揪了起来，乱作一团麻。

"明天——去你外婆家。"

我心中咯噔一下，隐约猜到了什么；但我尽力避开这可怕的念头，无论是谁，都不可能坦然面对这种现实，我在心里不断地否定着这可怕的预感。

**其中的第四段宜改为：**

空气中微妙的气氛促使我放下手中的遥控器，心好像被揪了起来，缩成一团。

原稿中"我"预感到不祥，此时用"心好像被揪了起来，乱作一团麻"来表现，语言是生动形象的，但深入推敲会发现，一个人因担心亲人安危心好像要被"揪"起来的时候，应该用"缩成一团"比较恰当，而"乱成一团麻"常常表现心烦的状态，与此时的心境不太贴合。

再看原文的第七段：

几天前，我还可以听到外婆的声音，和她谈天；尽管被恶疾缠身，外婆仍旧可以笑得很慈祥，在子孙的关切下享受天伦之乐。

**宜改为：**

几天前，我还可以听到外婆的声音，还可以和她谈天。尽管被恶疾缠身，外婆仍旧笑得很慈祥，在子孙的精心照料下享受着天伦之乐。

第七段原稿中的"外婆仍旧可以笑得很慈祥"中的"可以"有"本来不可以"而"不得不勉强为之"的言外之意，不足以充分表现家人对她的精心照顾、外婆享受的天伦之乐和外婆的乐观等情形，因此，要将"可以"二字删去。

再看原稿的第十五段：

父亲对我说："去磕三个响头，作个别。"

## 宜改为：

父亲对我说："去磕三个头，给你外婆作别吧……"

原稿"去磕三个响头"中的"响"字有一种做作的意味，"作个别"中的"个"字又显得语气轻松、动作敷衍，这两处均与送葬的情境不合。宜将"响"与"个"字去掉，再将"作个别"改成稍长的句子，加上能表现悲痛的语气词"吧"，不妨在末尾再加上省略号，以准确显示人物此时沉痛难言的心情。

## 第六十七讲

# 标点也会说话

如《雏鹰报》第三十三期第四版一（17）班李××同学的作文《作别外婆》原稿的第九至第十二段：

可是这一切都犹如泡沫一般，硬生生地被父亲的一句话击破：

"你外婆，走了。"

我刚回过神，立马又走了神。

窗外夜色弥漫，黑夜犹如狰狞的怪兽，仿佛要吞噬一切。

### 宜改为：

可是这一切都犹如泡沫一般，硬生生地被父亲的一句话击破：

"你外婆，走了。"

………………

窗外，夜色弥漫，黑夜，犹如狰狞的怪兽，仿佛要吞噬一切。

原稿第九至第十二段写"我"听到父亲告诉"我"外婆去世噩耗后的情形，"我刚回过神，立马又走了神"语言不够含蓄，不妨把这句话变成两个省略号，组成一个空段，以表现听到噩耗后那种无以名状的复杂情感。最后一段"窗外夜色弥漫，黑夜犹如狰狞的怪兽，仿佛要吞噬一切"是"我"听到噩耗后的一句环境描写，这里的环境描写很好地烘托出"我"那时的悲痛心情。如果在"窗外""黑夜"这两个词后面各加一个逗号，断开句子，延长停顿，更能增加气氛的凝重感，更表现出深深的痛苦和绵长的思念。

再如《雏鹰报》第四十七期第三版三（20）班王××同学的作文《"大马戏"随想》原稿的第七段：

"大马戏来啦！您想看的动物这里都有：老虎、狮子、大象……带上家人，给您带来……地址……"一段骤响的广播驱使着我的好奇心，我决定跟上去一探究竟。

### 宜改为：

"大马戏来啦！您想看的动物这里都有：老虎、狮子、大象……带上家人……这场演出将给您带来……地址……"一段骤响的广播引起了我的好奇心，我决定跟上去一探究竟。

这段话中的三处省略号运用得很好，因为上文描述了"乌云密布，大风飞扬"的天气情况，用省略号就能准确地表现出在此种环境中广播声音断断续续的特点。其次，对于"我"来说，听到断续的广播音时，关注的重点是各种动物，详细列出各种动物的名字能突出表现"我"的关切点，进而表现"我"的爱好、性格，而对那些表现"我"的性格作用不大的信息，比如演出的效果、演出的地点就用省略号代替了。

# 第六十八讲

# 场景描写要符合事实

如《雏鹰报》第三十三期第四版一（17）班李××同学的作文《作别外婆》原稿的第十四段：

带着这点恨意，我登上了通往外婆家的客车。长路漫漫，我在昏昏沉沉中神游。回过神来，已到了外婆家的门口，穿过浩浩荡荡的送葬队伍，我看到了安静的外婆，和流泪的母亲，还有目光呆滞的外公。

## 宜改为：

带着这点儿恨意，我跟着父亲登上了通往外婆家的客车。长路漫漫，我在昏昏沉沉中回忆着我和外婆的一段段故事……回过神来，已到了外婆家的门口，穿过一层层来送葬的人们，我看到了安静地躺在灵床上的外婆，母亲搀扶着目光呆滞的外公站在旁边流泪。

这是一处场景描写，有几处词语用得不恰当。第一，"神游"是"感觉中好像亲游某地"的意思，用在这里无论意义还是情感都是不符合事实的。其次，"浩浩荡荡的送葬队伍"所描写的情景只会出现在送葬的路上，此时外婆还没有入殓，应该是还躺在家里布置的灵床上，来吊唁的亲友们应该是围在灵床两旁或站在院子里，一层一层的。所以，不妨改为"穿过一层层来送葬的人们"。第三，"我看到了安静的外婆，和流泪的母亲，还有目光呆滞的外公"描写的三个人物的情态也不够明确。此时，外婆已经过世，所以，应该将情况交代清楚，不妨将这三个分句中的第一个分句改成"我看到了安静地躺在灵床上的外婆"。外公年纪也大了，而且受了打击，用"目光呆滞"形容他是恰当的。这时候作为外公女儿的"我"的母亲按人之常情会有什么情态呢？不妨将后两个分句改作"母亲搀扶着目光呆滞的外公站在旁边流泪"。逝者长已矣，生者当节哀，女儿搀扶着老父亲更符合生活事实，也更能表现家庭的温情。

# 第六十九讲

# 情感要表述精准

如《雏鹰报》第三十三期第四版一（17）班李××同学的作文《作别外婆》的第十八至第二十一段：

> 而我却没有走动，静伫在那儿，心中一直在默念着：
> ——我是一个没有外婆的孩子了。
> 我用眼泪洗刷内心的委屈与恨意。
> 外婆的死，当时我的内心被刺痛很长一段时间。

## 宜改为：

> 而我却没有走动，静伫在那儿，眼泪唰唰地流下来……
> ——我是一个没有外婆的孩子了。
> 泪水中饱含着我无边的悲痛和无穷的思念。
> …………

这四段文字心理描写很突出。

当外婆入殓时，"——我是一个没有外婆的孩子了"的内心独白写得很真切。

可是，"我用眼泪洗刷内心的委屈与恨意"中的"委屈"和"恨意"两个词表达的情感就不怎么贴切了。尽管上文在写得知外婆逝世消息的当晚，"我"想梦到外婆，结果没有梦到，于是"恨"自己薄情。可是，当外婆入殓时，情感的重点还会纠缠在"恨"自己昨晚没有梦到外婆吗？显然不会。"委屈"这个词形容"受到不应该有的指责或待遇时心里难过"，往往用在被人误解的场景，此种情景里"误解"从何而来？"委屈"从何而来？文中都没有交代。所以，用"委屈"表达情感不真切，不妨改为"泪水中饱含着我无边的悲痛和无穷的思念"。

最后一段"外婆的死，当时我的内心被刺痛很长一段时间"中"死"这个词的感情色彩也不恰当，宜改为"逝世""离世"等。"刺痛"形容像针刺一样产生的瞬时情感，与"很长一段时间"不搭配。另外，用这种瞬时情感来表现外婆去世给"我"的久远影响也不恰当。不妨将尾段改为两个省略号，形成一个含蓄的空白段。

# 第七十讲

## "的""地""得"易用错

如《雏鹰报》第三十三期第四版一（17）班李××同学的作文《作别外婆》原稿的第二段：

我轻快的奔向客厅，把书包随意一丢，就要打开电视。

## 宜改为：

我轻快地奔向客厅，把书包随意一丢，就要打开电视。

原稿的第一个分句"我轻快的奔向客厅"的谓语中心语是"奔向"，"轻快"是形容词，是修饰谓语中心语"奔向"的，做状语，此时，修饰语"轻快"与中心语"奔向"之间的助词应该用"地"。

其实，"的""地""得"这三个结构助词，许多同学都用得一头雾水。曾有一段时间，初中教材上将"的"与"地"都写作"的"，时间不长就又改回来了。改回来是正确的，因为这三个字在现代汉语语法结构中的作用已经约定俗成了。这三个字是结构助词，用在修饰、限定、补充语和中心语之间。

"的"字常被说成是定语的标志，用在定语与中心语之间。定语的位置在中心语前面，由形容词、代词、名词充当，比如"美丽的书包""我的书本""妈妈的眼镜"中的"美丽""我""妈妈"。定语的中心语一般是名词，比如上例中的"书包""书本""眼镜"，所以，中心语是名词时，这个中心语与前面的修饰语之间应该用"的"字。

"地"字常被说成是状语的标志，用在状语与中心语之间。状语一般由副词充当，表示动作的状态、方式、时间、处所、程度等，放在中心语的前面。状语的中心语一般是动词，也有形容词，如"愉快地接受""很快地红了""异常地痛苦"中的"接受"和"红了"是动词，"痛苦"是形容词。注意，这里的"红"是形容词，但加上"了"字就成了动词"红了"。所以，如果中心语是动词或形容词，它前面有修饰语时，就用"地"字做它们的结构助词。

"得"字常被说成补语的标志。"得"字后面的内容是对它前面中心语在程度、结果、趋向、状态、数量等方面的补充说明，所以叫作补语。补语与定语、状语的显著区别是它放在中心语的后面，它的中心语往往是动词或形容词，比如"吃得饱""白得刺眼"中的"吃"和"白"是中心语，"饱"和"刺眼"是补语，这时，它们之间的助词用"得"。

你能修改下列语句中用错的"的""地""得"吗?（解析见本书附录2）

1. 我努力的生长着。

2. 他听到一阵刺耳地咆哮声。

3. 人们会错误的以不诚信为常态。

4. 大家把工作做的很好。

5. 徒弟把技术掌握的炉火纯青。

6. 他上课也会偷偷的看《西游记》。

7. 这里的水才渐渐的脏了、臭了。

8. 夕阳慢慢的从天边落下。

9. 野鸭在水面悠闲的游动着。

10. 每一笔账都记的清清楚楚。

11. 他伪装的太好了。

12. 她要好好的去忏悔。

13. 因为我对这片土地爱的深沉。

14. 渐渐的，你长大了。

15. 你活的让别人看不懂你。

16. 不耐烦的朝窗外望去。

17. 水在哗哗的流着。

18. 小心翼翼的避开路边的水坑。

19. 它就那样静静的伫立着。

20. 父亲心疼的为我拍去衣服上的尘土。

21. 我不想闷闷的和他待在一起。

22. 大口大口的喘着气。

23. 母亲早早的辍学，在锅碗瓢盆间忙碌。

24. 我心安理得的享受着姥姥的照顾。

25. 她变的漂亮了。

26. 奴隶们在卑贱的活着。

27. 这里没有尘世地喧嚣。

28 历史的车轮不停的转动着。

29. 小张有一张能说会道得嘴巴。

30. 成功的研制出新药。

31. 嘈杂地喧闹声停下来了。

32. 你活的很狼狈。

33. 信心满满的坐在考场。

34. 我们被手电筒晃的睁不开眼。

35. 我轻快的奔向客厅。

36. 表达我最深地忏悔。

37. 大家决定勇敢的放手一搏。

38. 肯定我们地民族文化。

39. 考题与实际生活结合的很紧密。

## 第七十一讲

# 渲染、铺垫要到位

如《雏鹰报》第三十三期第二版一（6）班石××同学的作文《我的舍友们》原稿的第五段：

军训如期到来了。立正，稍息，向后转……这些都还简单，其实最让我们头疼的，还是把被子叠成豆腐块。豆腐块啊！那天晚上教官教我们好长时间怎样做"豆腐"；教完叠被子还交代了各种物品怎么摆放，卫生怎么打扫等等。唉——搞得我们军训的那几天午休的时候都不舍得盖被子，更有甚者，就是我们寝室的"进门右后上"，中午不盖被子就算了，到了晚上该睡觉的时候他也不肯盖，小心翼翼地把被子抱到床的另一头什么也不盖就睡了。对于这样的"战斗民族"，我的佩服是发自心底的。但出乎我意料的是，军训还没结束，他就感染上了急性呼吸道传染性流感病毒，通俗地说，就是感冒了！看着他仍抱着他的"豆腐块"舍不得盖，真替他惋惜。

### 宜改为：

军训如期到来了。稍息，立正，向后转……这些都还简单，让我们头疼的，还是把被子叠成豆腐块。豆腐块啊！那天晚上教官教我们好长时间怎样叠"豆腐"。教完了做"豆腐"还要求了怎样摆放做好的"豆腐"：要摆在离床头 40 厘米处，开口一定要朝外，高不得超过 35 厘米，长宽不得超过 60 厘米，不能露着被头，如果被面上有图案，图案要叠到正中间……最后甩下一句："都给我记清楚了，明天检查谁不达标，罚谁站军姿 30 分钟！"唉——搞得我们军训的那几天午休的时候都不舍得盖被子。尤其是我们寝室的"进门右后上"，中午不盖被子也就算了，到了晚上该睡觉的时候他还不肯盖，小心翼翼地把被子抱到床的另一头，什么也不盖就睡了。对于这样的"战斗一族"，我的佩服是发自内心的。但出乎我意料的是，军训还没结束，他就感染上了急性呼吸道传染性流感病毒。通俗地讲，就是感冒了！看着他仍抱着他的"豆腐块"舍不得盖，真替他惋惜。

原稿对"进门右后上"这位同学的细节刻画很生动，也很典型，不足之处是前面的渲染、铺垫还不到位。原文只用了三个分句：那天晚上教官教我们好长时间怎样做"豆腐"；教完叠被子还交代了各种物品怎么摆放，卫生怎么打扫等等。这三个分句没有聚焦到"被子"，反而旁逸到了"各种物品"和"卫生打扫"方面，这样，下面这位同学因怕被罚而不敢盖被子的典型细节就显得突兀、不真实。

不妨在这里加上一些近乎夸张的渲染，如"教完了做'豆腐'还要求了怎样摆放做好的'豆腐'：要摆在离床头 40 厘米处，开口一定要朝外，高不得超过 35 厘米，长宽不得超过 60 厘米，不能露着被头，如果被面上有图案，图案要叠到正中间……最后甩下一句：'都给我记清楚了，明天检查谁不达标，罚谁站军姿 30 分钟！'"

加上了这些严苛的细节，下文再写到"进门右后上"同学的极致表现时，就可信了。

当然，作文要写真实的细节，修改稿补充的这些细节可能会失真。不过，同学们只要留心细致地观察军训生活，教官们提出的要求可能会比改稿中补充的这些细节还要多，还要严格，还要生动。

## 第七十二讲

# 连喻的逻辑要求很严密

如《雏鹰报》第三十三期第二版一（12）班景××同学的作文《我和我的梦想》原稿的第二段：

临近考试，紧张的气氛逐渐在班里弥漫开来，一场大战一触即发。这是一场没有硝烟的战争，笔是剑，纸是盾，拼的，就是同学们的毅力和头脑。

**宜改为：**

临近考试，紧张的气氛在班里弥漫开来，一场大战一触即发。这是一场没有硝烟的战役，笔是剑，纸是战场，拼的，是同学们的智慧和毅力。

原稿"这是一场没有硝烟的战争，笔是剑，纸是盾，拼的，就是同学们的毅力和头脑"一句连用了三个比喻，将考试比作"战争"，将"笔"比作"剑"，将"纸"比作"盾"，像这样的比喻可以称为连喻。连喻的几个喻体一定要属于同一范畴，比如这里的"战争""剑"和"盾"，都属于战争的范畴，是可以的。只是这句话中的第三个喻体用"盾"不恰当，因为"盾"是防御对方的"剑"的，既然作者的第二个比喻已经把"笔"比作了"剑"，在考场上总不能让自己的"盾"来防御自己的"剑"吧？所以，不妨将"盾"改为"战场"，这样，笔在纸上的书写就像"剑"在"战场"上的挥杀，这是符合逻辑的。

著名电视艺术家陈汉元的散文《从宜宾到重庆》中有这样一句话：

如果说重庆地形像一条长长的舌头，那么朝天门就是舌尖了。

这句话把重庆的地形比作一条长长的舌头，在这个比喻的基础上根据朝天门码头在重庆的地理位置和形状，把它比作舌头尖，两个比喻连在一起很形象地说明了两者间的关系，这个比喻就是精彩的连喻。连喻中前一个比喻是后一个比喻的基础，两个比喻彼此依存，互为映衬，没有前面的比喻，后面的比喻就不成立。

陈汉元先生的这篇散文中还有两句连喻，大家不妨仔细揣摩它们的妙处。

如果说长江是人体的主动脉的话，这南广河充其量也只是一根小小的毛细血管。

重庆的台阶特别多，好像是数不尽的钢琴琴键。勤劳的山城居民，祖祖辈辈踏着这些琴键，演奏着生活的交响乐。

## 第七十三讲

# 中心词前的多个定语之间用顿号

如《雏鹰报》第三十三期第二版一（12）班景××同学的作文《我和我的梦想》原稿的第三段：

这场战役，我注定孤军奋战。半夜一点，我的父母早已进入梦乡，陪伴我的只有窗外那倾盆而注的大雨。做完两套理科试卷，我的心里无比烦躁，眼皮也开始打架。望着书桌上模模糊糊、时大时小、左右摇晃的油墨字体；想着刚迈过中考大关就投入到更为紧张的高中生活、还未完全适应的我；想着即将度过三年暗无天日的生活，我想要放弃。

**宜改为：**

这场战役，我注定要孤军奋战。凌晨一点，我的父母早已进入梦乡，陪伴我的只有窗外那倾盆大雨。做完两套理科试卷，我的心里无比烦躁，眼皮也开始打架。望着书桌上左右摇晃、时大时小、模模糊糊的油墨字，想着刚迈过中考大关就投入更为紧张的高中生活、还未完全适应的我，想着将要忍受三年"暗无天日"的生活，我想放弃。

原稿中"模模糊糊""时大时小""左右摇晃"这三个词都是修饰中心词"油墨字"的，是"油墨字"的定语，所以，这三个词之间用顿号才合适，然后将"油墨字"后面的分号改为逗号。"刚迈过中考大关就投入更为紧张的高中生活""还未完全适应"这两处从外观上看好像是两个分句，实际上它们也是两个定语，因为它们共同修饰中心词"我"，与"我"共同组成动词"想着"的长宾语。所以，这两者之间也应该用顿号。

## 第七十四讲

# 当几个比喻句的本体不同时要交代明白

如《雏鹰报》第三十三期第二版一（12）班 景××同学的作文《我和我的梦想》原稿的第六段：

突然，我的目光停留在邻居家墙上的爬墙虎上，它的样子使我震惊不已。已爬满整面墙壁的爬墙虎被人拦腰砍断，分界线上面的已经枯萎，贴在潮湿的墙壁上，像褪去的蛇皮一样触目惊心，又像极了历经沧桑的老人。

**宜改为：**

突然，我的目光停留在邻居家墙上的爬墙虎上，它的样子使我震惊不已。已爬满整面墙壁的爬墙虎被人拦腰砍断，分界线上面的已经枯萎，贴在潮湿的墙壁上。一根根枯藤，像褪掉的一条条蛇皮，触目惊心；整体看上去又像极了一张历经沧桑的老人的脸，沟壑纵横。

原稿中的两个比喻句很形象，但本体交代不甚明白，影响了表达效果。联系上下文可知，"褪去的蛇皮"这个喻体描摹的应该是一根根被砍断变枯了的"藤"，描摹的角度是"线"。而"历经沧桑的老人"应该是以老人的苍老容颜来比喻被砍断的爬墙虎的整体形象，描摹角度应该是"面"。所以，两个比喻的本体是不一样的，应该将各个本体交代明白才好。不妨将它们改为"分界线上面的已经枯萎，贴在潮湿的墙壁上，一根根枯藤，像褪掉的一条条蛇皮，触目惊心；整体看上去又像极了一张历经沧桑的老人的脸，沟壑纵横"。

## 第七十五讲

# 要准确理解所引用内容的侧重点

　　如《雏鹰报》第三十三期第三版三（7）班王×同学的作文《从前慢》原稿的倒数第二段：

　　有人说，"快"是一种进步。但我想说，"慢"也是一种态度。至少在文学中，我们一定要慢下来。想起苏轼的"只渊明，是前生，走遍人间，依旧却躬耕"，也许一个人在经历过大风大浪之后，便自会知晓生活的"慢"妙之趣。

### 宜改为：

　　有人说，"快"是一种速度。我想说，"慢"是"快"沉淀出的厚重。想起苏轼的"只渊明，是前生，走遍人间，依旧却躬耕"，也许一个人在经历过大风大浪之后，才会知晓生活的"慢"妙。

　　原稿中引用的"只渊明，是前生，走遍前生，依旧却躬耕"出自苏轼的《江城子·梦中了了醉中醒》，意思是：算起来也只有陶渊明，是我的跨越时空的知音。尝尽世态炎凉，历尽宦海浮沉，回归田园，依旧躬身耕耘。这句话固然有"慢"的意味，但在原文中用来证明"'慢'也是一种态度"或"至少在文学中，我们一定要慢下来"就显得不合适了，因为苏轼的这几句词强调的是"尝尽世态炎凉，历尽宦海浮沉"后"回归田园"的人生经历和顿悟，有一种由"进"至"退"，由"快"到"慢"的意味。在这种情况下，我们不妨将本段的中心句修改一下，既讲清这层逻辑，又保留引用的内容。不妨用"'慢'是'快'沉淀出的厚重"做中心句，这句话既不偏离全文中心，又起到过渡作用，还能被苏轼的词证明。

## 第七十六讲

# 词语排列次序有常则

如《雏鹰报》第三十三期第三版三（4）班孙××同学的作文《愿乘风破万里浪》原稿的倒数第四段：

冰心在小诗《成功的花儿》中写，成功的花儿，人们只惊美她现时的明艳，然而当初她的芽儿，浸透了奋斗的泪泉，洒遍了牺牲的血雨。温室里的花儿美而娇艳，但永远经不起风吹日晒，严寒酷暑。我们不能做娇养的花儿，迎着阳光向前进发吧。像红军一样不怕远征之难，万水千山只等闲；像梅花一样凌寒开放，风景这边独好；像苏东坡一样游于山川湖泊，一蓑烟雨任平生，不惧磨难，勇往直前，才是成功之道。

**宜改为：**

冰心在小诗《成功的花儿》中写道：成功的花，人们只惊慕她现时的明艳，然而当初她的芽儿，浸透了奋斗的泪泉，洒遍了牺牲的血雨。梅花傲霜斗雪，凌寒开放，使风景这边独好；温室里的花朵百媚千妍，但经不起风吹雨打、严寒酷暑。苏东坡"一蓑烟雨任平生"，中国红军"万水千山只等闲"。我们不要做娇养的花儿，请迎着阳光，不惧风雨，勇敢地向前进发吧！

原稿有三个句子，第一句引用冰心的诗句，以"花"的经历象征人生。第二句写温室的花朵，与冰心诗中"成功的花"对比，这样写很好。

第三句写"我们不能做娇养的花"，如果后面不再写其他内容的话，这样安排句子，由物到人，收束全段也是可以的。

可是第三句的出现打破了上两句的逻辑，因为这段话的中心句是"我们不能做娇养的花儿，迎着阳光向前进发吧"。接下来的第四句实际上与第一句的作用一样，都是支撑本段中心句的。此时，这四句就形成了"支撑句＋支撑句＋中心句＋支撑句"的结构，显得凌乱，这是不恰当的。

再看第四句中的三个分句，第一个写红军长征，第二个写梅花，第三个写苏东坡。就这三个分句的安排顺序来看，无论是从时间还是语料类别上看都不太恰当。从时间上看，应该苏东坡在红军之前；从语料类别上看，梅花与前面"成功的花""温室里的花"宜放在一起；从人物和事物的关联来看，文章宜从物写到人，符合象征或比兴的修辞手法。

一个段落各句之间，一个句子各个词语之间都要遵循合理的顺序，或时间顺序，或空间顺序，或逻辑顺序。这段话可以采用"分—总"的逻辑顺序来安排各个句子。

修改后的段落遵循了由物到人、由古到今、由分到总、由现象到本质的逻辑。

上段其他几处修改如下：

在"小诗《成功的花儿》中写"后面加上"道"字，并将"写"字后面的逗号改为冒号，放在"道"字后面，让冒号起提示作用。

将"成功的花儿"改为"成功的花"，将"惊羡"改为"惊慕"，因为收录冰心这首诗的多种权威版本采用的都是"惊慕"。

将"花儿美而娇艳"改为"花朵百媚千妍"，因为"花儿"不如"花朵"具体，"温室里的花朵"已经成为惯用语了，惯用语和成语差不多，一般不能改变它的结构或写法。"美而娇艳"中的"美"是个笼统的概念，包含着"娇艳"的意思，两者语义有交叉，用"而"连接不恰当，改为"百媚千艳"这个并列短语比较恰当。

将"但永远经不起风吹日晒"改为"但经不起风吹雨打"，因为"永远"这个词有点儿绝对化，"风吹雨打"也是固定短语，用来形容挫折和磨难，"风吹日晒"只是写实，缺乏"经历挫折和磨难"的深层意味。

将"不能"改为"不要"，在"迎着"前面加上"请"字，语气更肯定，能增强感染力。

将描写"红军""苏东坡"两个内容的句子调整成相同结构，都采用"主语＋诗句"的方式，简洁而有文采。同时，将苏东坡的例子放在红军例子的前面，这样符合时间顺序。

将"不惧磨难"改为"不惧风雨"，改后含蓄而形象。

将"成功之道"改为"向前进发"，改后能扣合题目《愿乘风破万里浪》。

## 第七十七讲
# 引用材料要准确无误

如《雏鹰报》第三十三期第三版三（3）班李××同学的作文《园花经雨百般红》原稿的第一段：

"成功的花儿，人们只惊艳它现时的明艳，然而当初的芽，浸透了奋斗的泪泉，洒满了牺牲的血雨。"花儿经受磨难才能亭亭美丽，而羽翼下的孩子在经受挫折之后，才会更加无惧坚强。

## 宜改为：

冰心在诗中写道："成功的花，人们只惊慕她现时的明艳！然而当初她的芽儿，浸透了奋斗的泪泉，洒遍了牺牲的血雨。"是的，只有经受风雨洗礼的花朵才开得更加艳丽、持久，只有勇敢走出羽翼庇护的孩子才有机会经受挫折的磨炼，才会成长得更加坚强。

原稿引用的冰心的诗句与冰心原作有五处不同。第一，诗句末尾多了个"儿"字；第二，诗句将"惊慕"写成了"惊艳"；第三，诗句将"她"写成了"它"；第四，"芽"字后面的"儿"字漏掉了；第五，诗句中的"洒遍"写成了"洒满"。

我在网络上查找冰心先生这首诗，发现有多种写法。黄河出版传媒集团阳光出版社2015年3月第一版《繁星·春水》的正文第二十七页的写法是这样的：成功的花，人们只惊慕她现时的明艳！然而当初她的芽儿，浸透了奋斗的泪泉，洒遍了牺牲的血雨。我又从《360百科》上找到了《繁星》诗集的介绍，其中诗集中引用的第"五五"首是与上面出版社的文字内容一致的，只是没有标点。于是我便将这两处的文字作为冰心先生的原著内容，对学生的习作进行了修改。

我没有去查找更多的资料，但分析一下，出版社的文字还是准确的。比如第一句诗末用不用儿化呢，我认为，用了儿化音，语意就变淡了，那么，对花的赞美之情就会打折扣。第二句中的"惊慕"是"惊讶、仰慕"的意思，"惊艳"是"看到了非常美丽的事物而惊奇、内心受到震动"的意思。显然，"惊慕"不仅表达的意思更丰富，而且有兼顾外在形象和内在品质的意味，而"惊艳"侧重于外表。第二句诗用"她"来指代花，比用"它"更有情味。第三诗句末尾的儿话倒能显示出对新生幼芽的喜爱。第五诗句中的"遍"与"满"意思差不多，诗味和音调上是有区别的，"遍"侧重于平面空间的各个角落，"满"侧重于体积、容积上的上限。另外，"遍"字音节响亮，"满"字音节显得沉闷。

举这个例子是为了提醒大家在写作的时候，对引用的材料一定要勘验正误。要做到这一点，一是要看正版书，二是要记忆准确，三是修改文章时要勤查资料，养成一字不肯放松的精神。

现实写作中这样的纰漏还有很多，也是在所难免的，因为我们了解的材料常常会有记不准的时候，但是又觉得这个材料用在这里挺恰当，特别是在考场上，用了这个材料可能就锦上添花，不用这个材料文章可能就显得索然无味。可是，考场上又不能查证资料，这时候怎么办呢？此时，我们可以不用双引号，采用转述的方式。为了严谨，不妨在引用的材料前写一句话表明不是引用原文。

比如，可以这样写：

冰心先生的诗歌中好像有这样一句话：成功的花儿，人们只惊艳它现时的明艳，然而当初的芽，浸透了奋斗的泪泉，洒满了牺牲的血雨。

考试之后，我们有查证资料的机会了，再将当初拿不准的材料进行严格的订正并做好准确的记录，以备后用。

## 第七十八讲

# 事例与论点的逻辑联系要准确、明晰

如《雏鹰报》第三十三期第三版三（3）班李××同学的作文《园花经雨百般红》原稿的第三段：

"只有流过血的手指，才能弹出世间的绝唱。"贝多芬从小被继父钉在钢琴前练习弹琴，犯过错时甚至会挨打，但他最终创造出的经典乐谱流传至今；史铁生被命运的枷锁困在了轮椅上，但顽强执着的他谱写着人生的华章，战胜了自己的命运；

**宜改为：**

"只有流过血的手指，才能弹出世间的绝唱。"贝多芬从4岁起就被父亲强迫着练习弹钢琴，弹错时甚至会挨打，后来他又经历少年失母，中年失聪的打击，但他创作出的《命运》《英雄》等几十首经典乐曲却叱咤世界乐坛，流传至今。史铁生被命运的枷锁困在了轮椅上，但顽强执着的他发奋写作，最终战胜厄运，创作出经典作品《病隙碎笔》《老屋小记》《务虚笔记》等，激励几代人。

原稿第一句的名言是论点，贝多芬、史铁生的事迹是例证。既然是例证，例子与论点之间就要有明确的逻辑联系，也就是说，例子要紧扣论点的关键词展开叙述。

贝多芬的例子中"从小被继父钉在钢琴前练习弹琴"一句描述与事实不符。据《360百科》记载，贝多芬的父亲为了得到"神童父亲"的美誉，竭力要将小贝多芬培养成莫扎特那样的神童。所以，从贝多芬4岁时起，他的父亲就常把他拽到钢琴前让他在那里艰苦地练上许多小时，甚至通宵不睡，每当弹错的时候就打他的耳光。贝多芬17岁的时候母亲去世，父亲酗酒。26岁时他听力衰退，45岁时耳朵完全失聪，但他在艺术领域里却取得了非凡成就，创作出了诸如《命运》《英雄》等大量乐曲，被尊为"乐圣"。

根据贝多芬的这些经历，不妨将这几句话改为：贝多芬从4岁起就被父亲强迫着练习弹钢琴，弹错时甚至会挨打，后来他又经历少年失母，中年失聪的打击，但他创作出的《命运》《英雄》等几十首经典乐曲却叱咤世界乐坛，流传至今。

改文用"贝多芬从4岁起就被父亲强迫着练习弹钢琴，弹错时甚至会挨打，后来他又经历少年失母，中年失聪的打击"这几个具体事例来照应论点中的关键词"流过血的手指"，用"但他创作出的《命运》《英雄》等几十首经典乐曲却叱咤世界乐坛，流传至今"来照应论点中的关键词"弹出世间的绝唱"。这样，例证与论点的逻辑联系明确多了。

　　史铁生这个论据与论点也缺乏明确的逻辑联系。"被命运的枷锁困在了轮椅上"只是说明了他身体上遭受的厄运，"顽强执着"是抽象的形容词，"谱写着人生的华章"是概括叙述。作为事例论据，这三处都缺乏与论点对应的具体事实。不妨把它们改为"顽强执着的他发奋写作，最终战胜厄运，创作出经典作品《病隙碎笔》《老屋小记》《务虚笔记》等，激励几代人"。修改后，加入了"发奋写作""经典作品《病隙碎笔》《老屋小记》《务虚笔记》等"激励数代人的具体事实，这样，事例与论点中关键词的逻辑联系就明显了。

## 第七十九讲

# 要慎重颠倒词序或拆分词语

如《雏鹰报》第五十一期第二版二（11）班屈×同学的作文《勇于责任担当》原稿的第二段：

放高官，弃厚禄，侍汤药，尽孝心，这是李密对祖母的责任。"先天下之忧而忧，后天下之乐而乐"，这是范仲淹对苍生的责任。长安花红，雁门黄沙，牺牲自我，半世和平，这是昭君对国家的责任。选择责任担当，终能撑起一片蓝天。

**宜改为：**

弃高官，拒厚禄，侍汤药，尽孝心，这是李密对祖母的责任。"先天下之忧而忧，后天下之乐而乐"，这是范仲淹对苍生社稷的责任。放弃长安花红，走过雁门黄沙，牺牲青春年华，求得汉匈一家，这是王昭君对华夏民族的责任。选择担当责任，终能撑起一片蓝天。

结合全文的内容来看，原稿标题"勇于责任担当"的意思应该是"勇于担当责任"，作者在这里对词语进行了倒装，但这种倒装不恰当，因为"勇于"是副词，要修饰动词，但"责任担当"是个名词性的短语，副词是不能修饰名词或名词性短语的，所以要调整为"勇于担当责任"，让"勇于"修饰动词"担当"，这是比较恰当的。

原稿第一段"放高官，弃厚禄"的写法可能是作者为了与"侍汤药，尽孝心"构成整句而进行的词语拆分，就是将"放弃高官厚禄"拆分成了"放高官，弃厚禄"。可是，拆分以后，"弃厚禄"尚可理解，"放高官"是什么意思呢？尽管联系上下句，可以把"放高官"中的"放"理解为"放弃"，但毕竟是牵强的，不如改为"弃高官，拒厚禄"。

## 第八十讲

# 宜根据文体特点润色词句

如《雏鹰报》第五十一期第二版二（11）班屈×同学的作文《勇于责任担当》原稿的第二段：

放高官，弃厚禄，侍汤药，尽孝心，这是李密对祖母的责任。"先天下之忧而忧，后天下之乐而乐"，这是范仲淹对苍生的责任。长安花红，雁门黄沙，牺牲自我，半世和平，这是昭君对国家的责任。选择责任担当，终能撑起一片蓝天。

**宜改为：**

弃高官，拒厚禄，侍汤药，尽孝心，这是李密对祖母的责任。"先天下之忧而忧，后天下之乐而乐"，这是范仲淹对苍生社稷的责任。放弃长安花红，走过雁门黄沙，牺牲青春年华，求得汉匈一家，这是王昭君对华夏民族的责任。选择担当责任，终能撑起一片蓝天。

原稿倒数第二句中的"长安花红，雁门黄沙，牺牲自我，半世和平"语句生动、整齐，句中的"长安花红"应该是描写王昭君在长安城宫中的富贵生活，"雁门黄沙"应该是表现她出嫁匈奴时在和亲路上饱受的艰辛，"半世和平"应该是评价她和亲的深远意义。这些词句表达的意思似乎也是明白的，但作为议论文中的句子来说，它们之间的语意跳跃还是有点儿大，如果是诗歌或散文这样写是无可非议的，而议论文要力争把道理说得明白晓畅，因为无论是作者写议论文，还是读者读议论文，目的在于明理。因此，还是把文章写明白晓畅一些。在这里，我们不妨把这几句变成描述性的句子，改为"放弃长安花红，走过雁门黄沙，牺牲青春年华，求得汉匈一家"。改后，王昭君的这几个事迹就成了事实论据，共同论证了"这是王昭君对华夏民族的责任。"

## 第八十一讲

# 并列词语的排列要讲究逻辑

如《雏鹰报》第五十一期第二版二（3）班沈×同学的作文《梧桐》原稿的第四段：

到了田里，看着偌大的一片的梧桐林，老李头却皱了皱眉，眼里透着一股不可言喻的忧伤。"二十三年了……"声音从老李头沙哑的喉咙里传出。二十三年来，他带领乡亲们呕心沥血，东奔西跑，硬是把当初在土里站都站不直的梧桐苗培育成了一棵棵参天大树。这片林子，是他一生的心血。

**宜改为：**

到了田里，看着一片偌大的梧桐林，老李头却皱紧了眉，眼里透出一股不可言喻的忧伤。"二十三年了……"声音从老李头沙哑的喉咙里传出。二十三年来，他带领乡亲们东奔西跑，呕心沥血，硬是把当初在土里站都站不直的梧桐苗培育成了一棵棵参天大树。这片林子，是他一生的心血啊。

原稿中"呕心沥血，东奔西跑"这两个词语单纯从语法结构上看是并列关系，谁放在谁的前面好像没有什么不同，但从语意表达上来看是有区别的。"呕心沥血"表达的意思抽象，是对精神层面的描述，"东奔西跑"表达的意思具体，是对行为层面的描述。根据人类认知规律和事理逻辑，适宜从具象写到抽象，从行动写到精神，从实写到虚。所以，将这两个词语的顺序调整一下比较好。

# 第八十二讲
# 成语不可拆、换

如《雏鹰报》第二十三期第四版李××同学的作文《为未来奠基》一文的第四段：

1. 大凡热心荐贤的人，也总是十分爱贤。不因求全而责备，不因小过而废亡。

2. 他的作品，既不矫揉，也不造作。

## 宜改为：

1. 大凡热心荐贤的人，也总是十分爱贤。不求全责备，也不因噎废食。

2. 他的作品，并不矫揉造作。

例句 1 "不因求全而责备"中的"求全而责备"是对成语"求全责备"的拆分，也许作者是为了与第四分句的"不因小过而废亡"构成对称结构。例句 2 中作者也许是为了加强语句的节奏感，将"矫揉造作"拆分为"既不矫揉，也不造作"。但是，成语的结构和意义都是固定的，不可拆开使用。

又如《雏鹰报》第一百零八期第二版三（21）班宋××的作文《谨记时代所托 不负心中热爱》原稿的最后一段：

相知无远近，万里尚为邻。虽未曾谋面，相隔甚远，但我理解你的初心，敬佩你的淡泊，更赞美你的赤诚。青年一代，因为有你们，会坚定方向，奋然前行；今日中国，因为有你们，将河清海晏、国泰民安！

上面这段话最后一句中的"河清海晏"是个成语，意思是"黄河的水清了，大海也平静了"，形容天下太平。有的地方将它写作"海晏河清"，有些词典认为两者可以通用。笔者认为用"河清海晏"更好，因为"河清海晏"最早见于唐代郑锡《日中有王子赋》"河清海晏，时和岁丰"一句，而"海晏河清"最早见于唐代薛逢《九日曲池游眺》"正当海晏河清日，便是修文偃武时"一句。郑锡是宝应进士，宝应是唐代宗李豫的年号，该年号自公元 762 年四月至公元 763 年元月使用；薛逢是会昌进士，会昌是唐武宗李炎年号，该年号自公元 841 年正月至公元 846 年十二月使用；由此可见，"河清海晏"的使用比"海晏河清"要早几十年。薛逢可能是化用了成语，或者是为了协调诗歌韵律将"河清海晏"倒装了使用。

## 第八十三讲

# 关联词语不可滥用也不可少用

如《雏鹰报》第四十八期第四版吴××的考场作文《时代在新，我们在行》原稿的第二段：

更新自我，活在当下。无论何时，一个人要施展鸿鹄之志，必于当时的时代相同步。李白、杜甫等诗歌界的领袖，他们之所以在诗歌上一展壮志，正是因为站在盛唐的舞台上，他们与时代共荣。而鲁迅、李大钊等，他们有的以笔为刀，有的高呼救国救民之口号。正是于当时国家陷于危难之际，时代沉沦、黑暗，他们更新自我观点，为时代呐喊。而今，虽是和平年代，但科技日新月异，时代飞速发展，正是需要一个个善于更新的自我，活在当下，抓住当今时代的腾飞之翼。

**宜改为：**

更新自我，活在当下。无论何时，一个人要一展鸿鹄之志，必与当时的时代同步。李白、杜甫等诗歌界的领袖，他们之所以能在诗坛上一展壮志，正是因为能站在盛唐的舞台上，与那个时代共荣。李大钊、鲁迅等先驱们，他们有的以笔为刀，有的高呼救国救民的口号，于国家危急存亡之际，冲锋向前。虽然时代黑暗、人心沉沦，但是他们改变旧观念，为时代呐喊。而今，和平年代，科技日新月异，时代飞速发展，正是需要一个个善于更新的自我，要活在当下，与当今腾飞的时代共比翼。

原稿第二句中"而鲁迅、李大钊等"几个分句是用来证明"无论何时，一个人要施展鸿鹄之志，必与当时的时代同步"这一论点的，这里的例证与论点之间并没有转折关系，所以，不必用"而"字。第三句中的"时代沉沦、黑暗"与他们的"更新自我""为时代呐喊"之间应该是转折关系，用上表示转折的关联词语后语句更通畅、逻辑更明了，所以改为"虽然时代黑暗、人心沉沦，但是他们改变旧观念，为时代呐喊"。第四句中"而今，虽是和平年代，但科技日新月异，时代飞速发展"这几个分句间并没有转折关系，所以里面表示转折的关联词"虽然""但"是不正确的，应该删去。

# 第八十四讲

# 用生活实例支撑论点会使文章接地气

如《雏鹰报》第 47 期第三版三（8）班王 ×× 同学的作文《高三，我来了》原稿的第六段：

物理老师也说过，理科生要有无与伦比的神经质，而我还欠缺，我不会对飞过来的羽毛球做出受力分析，然后想象它的轨迹，我不会看见池塘冒出气泡就研究那是甲烷还是二氧化碳，我也不会对楼房做出完美的对角线，我不会但总有人会，这就是差距。

**宜改为：**

物理老师也说过，理科生要有无与伦比的神经质。而我还欠缺，我不会对飞过来的羽毛球做出受力分析，然后想象它的轨迹；我不会看见池塘冒出气泡就研究那是甲烷还是二氧化碳；我也不会对楼房做出完美的对角线……我不会但总有人会，这就是差距。

改文对原稿只进行了几处标点的修改。第一处是将"理科生要有无与伦比的神经质"一句后面的逗号改为句号，因为这句话是对物理老师话的转述，之后开始写"我"的表现，陈述主体和内容都变了，所以，此处应该用句号。第二处是将"我也不会对楼房做出完美的对角线"一句后的逗号改为省略号，表明省略了其他的多种情况。第三处是将"然后想象它的轨迹"和"研究那是甲烷还是二氧化碳"两个分句末尾的逗号改为分号，因为第一个"我不会……"句式中包含两个分句，这两个分句间的停顿宜短一些，两个"我不会"与"我也不会……"之间的停顿宜长一些，这里较长的停顿用分号才更容易分清楚句间层次。

这段话的中心句是"理科生要有无与伦比的神经质"，作者用"我不会……""我也不会……"这几个与"我"有关的实例，从反面论述中心句。这种运用生活实例进行的论述，使文章真实生动、情感真挚。

又比如《雏鹰报》第 47 期第四版三（8）班陈 × 同学的发言稿《在银基助学仪式上的发言》原稿的第二段：

此时此刻，我站在这里，除了激动，更多的是感谢，感谢方城的灵山秀水让我有了敏捷的才思，感谢方城的灿烂文化让我有了厚重的底蕴，感谢方城的淳朴民风让我有了善良悲悯的情怀，感谢鏖战独树镇的历史让我有了红色基因，感谢父母教会了我尊师重教，感谢母校和恩师让我学会了筑梦远行，感谢党和国家支持农村贫困地区的政策，助力我冲刺国家的最高学府，感谢今天各位领导的关怀，让我最终圆梦清华。

## 宜改为：

此时此刻，我站在这里，除了激动，更多的是感谢。感谢方城的灵山秀水让我有了敏捷的才思；感谢方城的灿烂文化让我有了厚重的底蕴；感谢方城的淳朴民风让我有了善良悲悯的情怀；感谢鏖战独树镇的历史赋予我红色基因；感谢父母教会了我尊师重教；感谢母校和恩师让我学会了筑梦远行；感谢党和国家支持农村贫困地区的政策，助力我冲刺国家的最高学府；感谢今天各位领导的关怀，让我最终圆梦清华。

改文对原稿做了几处标点的修改，其一是将"此时此刻，我站在这里，除了激动，更多的是感谢"末尾的逗号改为句号，因为这个句子是个总领句，以下的几个句子是分述。其二是将前七个"感谢……"句式后的逗号改为分号，因为第七、八两个"感谢……"句式中各有两个分句，每两个分句之间的停顿要短一些，为了避免层次混乱，就将原来的几个逗号改为停顿较长的分号。

这段话的中心句是"我站在这里，除了激动，更多的是感谢"，以下的几个"感谢……"是作者结合自己的生活实例写的支撑句，这样的支撑句，使文章真实、具体，情感真挚。

## 第八十五讲

# 文章要显示时代主流，高扬主旋律

如《雏鹰报》第九十九期第四版二（20）班杨××同学的习作《传承英雄气》四、五两段的原文：

翻开历史的长卷，一幅幅无比壮丽的画面呈现在我的眼前。在诸侯争霸、战乱纷仍、民不聊生的战国末年，是他结束了这一切，建立了中国历史上第一个统一的国家，法制严明了、国泰民安，这是秦始皇创建的大秦帝国。身怀宏图大志，渴望结束人民生活流离之苦的曹操，广纳贤才、平定诸侯，酾酒临江、横槊赋诗，堪称一世之雄。李世民视民为天，谨记载舟覆舟的教训，使政治稳定、经济繁荣、百姓和乐。英雄气是秦始皇一统天下的魄力，英雄气是曹操逐鹿中原的狠力，英雄气是唐太宗开创贞观盛世的定力。

而我们如今的社会却缺乏这样的英雄气，无数的平庸者一生碌碌无为便是缺少了做大事的伟力；无数的中庸者一生平淡无奇，便是缺少了成大事的努力；无数的悲观者一生都在懊悔，便是缺少了再向前推自己一把的狠力。

**宜改为：**

打开历史的长卷，一幅幅无比壮丽的画面呈现在我的眼前。在诸侯争霸、战乱纷仍、民不聊生的战国末年，是他结束了这一切，建立了中国历史上第一个统一的国家，法制严明、国泰民安，这是秦始皇创建的大秦帝国。胸怀宏图大志，渴望结束人民流离之苦的曹操，广纳贤才、平定诸侯，酾酒临江、横槊赋诗，堪称一世之雄。李世民视民为天，谨记载舟覆舟的教训，使政治稳定、经济繁荣、百姓和乐。英雄气是秦始皇一统天下的魄力，英雄气是曹操逐鹿中原的狠力，英雄气是唐太宗立志开创盛世的定力。

我们当今社会不乏具有这样气魄的英雄，他们是默默无闻的耕耘者，是矢志不移的探索者，是攻坚克难的改革者。

原文四、五两段，总分结合，句式整齐，语句铿锵，情感充沛。不足之处是第五段用"缺乏英雄气"来表述"如今的社会"，并以"无数的平庸者""无数的中庸者""无数的悲观者"来阐释"如今的社会缺乏英雄气"显得格调不高。

为什么这么说呢？

　　因为原文没有写出社会的主流。该文在前三段已经将论点归为"真正的英雄气即便没有建立像秦始皇、魏武帝、唐太宗那样的宏图大业，也依旧应该有魄力，有狠力，有定力"，这是一个客观、辩证的观点。所以说，我们如今的社会是一个英雄辈出的社会，在各个岗位上"有魄力，有狠力，有定力"的劳动者都是具有英雄气的英雄。文章如果这样写，就能真实地表现出当今社会主义建设者积极向上的主流精神风貌，格调也就高了。

　　文章要表现时代主流，高扬主旋律。我们青年学生是"中国梦"的筑梦者，不要做一叶障目，不见泰山的人。

# 第八十六讲

# 表示程度的词语要准确

如《雏鹰报》第四十七期第三版三（8）班王××同学的作文《高三，我来了》原稿的第四段：

进入高三后，试卷好像突然之间就变多了，雪花一样地片片飞舞，起初还有人问：哪来这么多试卷啊。后来也没人再问了，习惯性地拿来就做，老师曾说："到了高三，如果你一见试卷就拿来做的话才算真正进入状态了。"渐渐地我们都变得有些麻木，还记得之前在五班，化学老师说拿出我们这周的第24张卷子，听了让人想自杀。还记得张老师在上完数学课后说："作为重点班的学生，你睁开眼想到的就应该是导数题，走路、吃饭、上厕所要么背公式，要么记单词，床头边口袋里都要有演草纸和笔，有思路要随时记下来。"当时听到后，我还是忍不住仰天长啸，之后便毫无怨言地抱着数学参考书一直做到日月无光，做到山无棱天地合。

## 宜改为：

进入高三后，试卷好像突然之间就变多了，雪花一样地片片飞舞。起初还有人问"哪来这么多试卷啊"。后来也没人再问了，习惯性地拿来就做。老师曾说："到了高三，如果你一见试卷就拿来做的话才算真正进入状态了。"渐渐地，我们都变得麻木了。还记得之前在五班，当化学老师说"拿出我们这周的第24张卷子"时，我们听了直想自杀。还记得张老师在上完数学课后说："作为重点班的学生，你睁开眼想到的就应该是导数题；走路、吃饭、上厕所，要么背公式，要么记单词；床头边口袋里都要有演草纸和笔，有思路要随时记下来。"当时听到后，我还是忍不住仰天长啸，之后便毫无怨言地抱着数学参考书一直做到日月无光，做到山无棱天地合。

原稿"渐渐地我们都变得有些麻木"一句中的"有些"在程度上表达得不够准确。联系上文中的"后来也没人再问了，习惯性地拿来就做"和下文中的当"化学老师说'拿出我们这周的第24张卷子'时"可知，不是"有些麻木"，是真"麻木"了，所以，删掉"有些"，程度表述会更准确些。

## 第八十七讲

# 前置状语后面要用逗号与主句隔开

如《雏鹰报》第四十七期第三版三（8）班王××同学的作文《高三，我来了》原稿的第四段：

进入高三后，试卷好像突然之间就变多了，雪花一样地片片飞舞，起初还有人问：哪来这么多试卷啊。后来也没人再问了，习惯性地拿来就做，老师曾说："到了高三，如果你一见试卷就拿来做的话才算真正进入状态了。"渐渐地我们都变得有些麻木，还记得之前在五班，化学老师说拿出我们这周的第 24 张卷子，听了让人想自杀。

**宜改为：**

进入高三后，试卷好像突然之间就变多了，雪花一样地片片飞舞。起初还有人问"哪来这么多试卷啊"。后来也没人再问了，习惯性地拿来就做。老师曾说："到了高三，如果你一见试卷就拿来做的话才算真正进入状态了。"渐渐地，我们都变得麻木了。还记得之前在五班，当化学老师说"拿出我们这周的第 24 张卷子"时，我们听了直想自杀。

原稿"渐渐地我们都变得有些麻木"一句中的"渐渐地"是表示时间频度的副词，放在"变得"的前面做它的状语，用来修饰动词"变得"。作者在这里为了强调这个过程"渐变"的特点，将"渐渐地"这个状语提到了句首。在这种情况下，前置状语"渐渐地"后面要用逗号将主句隔开，这既是语法的要求，也是语意表达的需要。

再如上文原稿的第五段：

在学校我的成绩并不突出，有次老爸拿我开玩笑，说理科生要有心如止水的修行，像还没遇见许仙的白素贞。

**宜改为：**

在学校，我的成绩并不突出，有次老爸拿我开玩笑，说理科生要有心如止水的修行，像还没遇见许仙的白素贞。

原稿"在学校我的成绩并不突出"一句中的"在学校"是地点状语，它本来应该放在谓语的前面，正常语序是"我的成绩在学校并不突出"。作者为了强调"在学校"这个地点，就将它放在句首了，一旦放在句首，它后面就要用逗号跟主句隔开。

## 第八十八讲

# 使用跨学科语言往往使文章生动

如《雏鹰报》第四十七期第三版三（8）班王××同学的作文《高三，我来了》一文的第二段：

在我们学校里，我们所做的试卷不是用"张"来计算的，用"吨"有些夸张，但用"斤"应该没人反对，学校的复印室如果对外开放的话，其工作速度足以使外面的复印公司全部倒闭，尽管我们万分心疼那台复印机，但学校也是为我们好，所以它每天必须忙够八个小时，而我们累的程度与复印机的忙可以建立起一个以复印机的工作时间为自变量的直线上升函数，老师让我们做题要快点快点，我们恨不得让时间慢点慢点，但"事与愿违"这个词并不是老祖宗随便造出来玩的，时间的飞速流逝常常让我们扼腕上叹。

**宜改为：**

在我们学校里，我们所做的试卷不是用"张"来计算的，用"吨"有些夸张，但用"斤"应该没人反对。学校的复印室如果对外开放的话，其工作速度足以使外面的复印公司全部倒闭，尽管我们万分心疼那几台复印机，但学校也是为我们好，所以它们每天必须忙够八个小时以上，而我们累的程度与复印机的忙可以建立起一个以复印机的工作时间为自变量的直线上升函数。老师让我们做题要快点快点，我们恨不得让时间慢点慢点，但"事与愿违"这个词并不是老祖宗随便造出来玩的，时间的飞速流逝常常让我们扼腕长叹。

这段话的原稿内容很精彩，改稿只修订了个别词语和两处标点符号。尤其原稿中"而我们累的程度与复印机的忙可以建立起一个以复印机的工作时间为自变量的直线上升函数"一句，将数学语言融入文章，使语言更加生动了。

## 第八十九讲

# 使用比喻句容易出现搭配不当的现象

如《雏鹰报》第五十三期第一版一（9）班邵××同学的作文《父爱如山》原稿的第一段：

回首过往的酸甜苦辣，唯有父爱如山般萦系心头，历久弥新。

**宜改为：**

回首过往的酸甜苦辣，唯有父爱如山般矗立心间，岿然高大。

原稿第二个分句的主干是"父爱萦系心头"，这个主干从语法上看没有错误，但这句话前面已经用"山"比喻了"父爱"，在这种情况下，再用谓语"萦系"跟主语就不搭配了。因为"山"比喻出了父爱分量之重，而"萦系"是"轻轻缠绕"的意思，常用来表现"记挂"的心理状态，这个词显得轻纤，与"山"这个喻体不搭配，不妨将"萦系"改为"矗立"。

其次，第二个分句的宾语是"心头"，"心头"有"心尖"的意思，意象上显得微小。前面用了高大厚重的喻体"山"，让"山"样的情感放在"心尖"这么小的位置，语意上搭配不当。不妨将"心头"改为"心间"。

最后，第三分句的"历久弥新"是谓语，承前省略了主语"父爱"，如果没有"如山"这个比喻，"父爱"与"历久弥新"搭配也是恰当的。把父爱比作"山"后，"山"并没有"历久弥新"的特点，所以，第三分句的谓语与主语也是搭配不当的。不妨改成一个符合"山"特点的词语，比如"岿然高大"。

## 第九十讲
# 语体色彩要协调

如《雏鹰报》第五十三期第一版三（14）班王×同学的作文《古乡》原稿的第四段：

今天过后，村庄就又安静下来了。偶尔，会看到有几个姑娘在河边浣衣，那河水像翡翠一样。水面与天空一个颜色，青蓝，水天相接鱼儿们在云朵上游泳。姑娘们在云朵上浣衣，她们就像天上的仙女，下凡来游玩。她们纤细的手撩着水，发出银铃般的声音，还有她们那甜美的笑声……

**宜改为：**

今天过后，村庄就又安静下来了。偶尔，会看到有几个姑娘在河边洗衣，那河水像翡翠一样。水面与天空一个颜色：青蓝。水天相接，鱼儿们好像在云朵里游泳。姑娘们就像天上的仙女，在云朵上浣衣。她们一边用纤细的手撩着水，一边发出银铃般的笑声。

原稿第二句中"偶尔，会看到有几个姑娘在河边浣衣"中的"浣"是"洗"的意思，属于文言词语。这一句描写的是乡村平常的生活状态，不如改为"洗"字，这样更符合乡村特点。但该段"姑娘们在云朵上浣衣，她们就像天上的仙女"一句中的"浣"字我认为运用得比较恰当。因为这句话前面有"水天相接，鱼儿们在云朵上游泳"的美丽环境衬托，后面有"她们就像天上的仙女，下凡来游玩"的形象刻画，可以说是前面姑娘们洗衣服形象的升华。此处用一个文言的"浣"字易于将眼前景在作者心中引起的传统诗意美表现出来。

再如《雏鹰报》第五十三期第一版一（7）班王××同学的作文《曾被我忽视的世界》原稿的第三段：

而后不久，母亲悄悄地对我说："你爸老臭美了，说女儿长大了，知道关心他了，劝他戒烟，还信誓旦旦地说什么要戒烟。他那烟已经抽了十多年了，岂是容易好戒的……"后面母亲说了什么，我一个字也没有听进去。我在后悔，也在思索。

**宜改为：**

不久，母亲悄悄地对我说："你爸老臭美了，说女儿长大了，知道关心他了，会劝他戒烟了。还发誓说什么一定要戒烟，他那烟已经抽了十多年了，哪里容易戒……"

母亲后面说了什么，我一个字也没有听进去。我在后悔，也在思索。

　　原稿中"而后不久"中的"而后"是文言词语，用在这里赘余，且语体色彩不协调，删去后行文更简洁。另外，原稿中"还信誓旦旦地说什么要戒烟。他那烟已经抽了十多年了，岂是容易好戒的"是描写现代人的日常对话，用了"信誓旦旦"和"岂是"两个色彩很浓的书面语也是不太协调的，不如将"信誓旦旦"改为口语"发誓"，将"岂是"改为"哪里"。

# 第九十一讲

## 表示提示的地方要用冒号

如《雏鹰报》第五十三期第一版三（14）班王 × 同学的作文《古乡》原稿的第四段：

今天过后，村庄就又安静下来了。偶尔，会看到有几个姑娘在河边浣衣，那河水像翡翠一样。水面与天空一个颜色，青蓝，水天相接鱼儿们在云朵上游泳。姑娘们在云朵上浣衣，她们就像天上的仙女，下凡来游玩。她们纤细的手撩着水，发出银铃般的声音，还有她们那甜美的笑声……

**宜改为：**

今天过后，村庄就又安静下来了。偶尔，会看到有几个姑娘在河边洗衣，那河水像翡翠一样。水面与天空一个颜色：青蓝。水天相接，鱼儿们好像在云朵里游泳。姑娘们就像天上的仙女，在云朵上浣衣。她们纤细的手撩着水，嘴里发出银铃般的笑声。

原稿"水面与天空一个颜色，青蓝"中的"青蓝"是对"水面与天空一个颜色"中"一个颜色"的解释，或者说"水面与天空一个颜色"这句话是提示语，提示下面的"青蓝"二字。这种情况下，表示提示的语言与被提示的语言之间要用冒号。当然，这句话也可以改成"水面与天空是一样的青蓝色"，但是，这样改后体现不出作者对"青蓝"这种漂亮颜色的强调和喜爱，还是第一种改法更好。

再比如《雏鹰报》第五十三期第二版一（19）班陈 × × 同学的作文《清明赋》原稿的第一段：

听着窗外滴滴答答的雨声，随手翻看日历，才发觉今天已是清明。粗略一算，你已离我而去四年有余了，我不由得苦笑起来，岁月果真无情，时间可以冲淡人的伤痛，带走思念，可我却终究忘不了你。你，在天堂里过得还好吗？

**宜改为：**

我听着窗外滴滴答答的雨声，随手翻看日历，才发觉今天已是清明。粗略一算，你已离我而去四年有余了，我不由得苦笑起来：岁月果真无情。时间可以冲淡人的伤痛，带走思念，可我却终究忘不了你。你，在天堂里过得还好吗？

原稿第二句中的"岁月果真无情"是"我不由得苦笑起来"的原因,为了突出这个原因,作者将它独立出来,放在这一句的末尾。这种情况下,表示原因的语句前面要用冒号,这个冒号有提示和强调原因的作用。另外,文中"时间可以冲淡人的伤痛,带走思念,可我却终究忘不了你"显然不是"我不由得苦笑起来"的原因,所以,在"岁月果真无情"后要加上句号,这样能避免读者阅读时出现理解的偏差。

# 第九十二讲

## 恰当运用呼告修辞，能增强议论文感染力

如《雏鹰报》第一百期第四版三（19）班赵××同学的作文《岁月不居　英雄长存》原稿的第二至第四段：

一条大泽畔，他披发行吟，洒泪长叹，叹自己无用武之地，纵身汨罗江，大义凛然。

"既替余以蕙纕兮，又申之以揽茝。"满怀抱负，但尘世昏暗，屈子以一腔热血追随的却是昏庸的楚王。他心系国家，同情百姓，秉承初心，即便"路漫漫其修远"，依然愿"上下而求索"。官场污浊，小人进谗，愚昧的怀王狠心疏远他，他屈心抑志，奋不顾身，发出了"亦余心之所善兮，虽九死其犹为悔"的呐喊。但他的结局是被流放，公元前278年，秦国大将白起挥兵南下，攻破郢都。他不忍目睹楚国的灭亡，万般无奈中纵身一跃，沉入了冰冷的汨罗江底。清冷湖水中依稀可辨他高大的背影，纵身一跃的背后是他忠贞爱国的赤子之心。

三闾大夫，一代英华，随楚国灰飞，但一代文体"离骚"在他的笔下生花，震古烁今，文学因此步入了巅峰。

**宜改为：**

一条大泽畔，您披发行吟，洒泪长叹，您叹君昏臣佞、无意抗秦，最终，您纵身汨罗江，魂化清流，长存人间。

"既替余以蕙纕兮，又申之以揽茝。"您满怀强大楚国的抱负，但朝廷昏暗，您一腔忠心追随的却是昏聩的楚王。您心系国家，同情百姓，恪尽职守，即便"路曼曼其修远"，您依然愿"上下而求索"。官场污浊，小人进谗，愚昧的怀王狠心疏远您，您依然奋不顾身，发出了"亦余心之所善兮，虽九死其犹未悔"的呐喊。您的结局是被流放，公元前278年，秦国大将白起挥兵南下，攻破郢都，您不忍目睹楚国的灭亡，万般无奈中纵身一跃，沉入了冰冷的汨罗江底。

如今，我在清冷的江水、河水、海水中都能觅到您高大的背影，您纵身一跃表现出的忠贞爱国情，浇灌着华夏热土上一代代后继英雄的心田。

原稿使用的是第三人称，从表现文章内容上看也是可以的。不过，这篇文章字里行间含着作者炽烈的情感，不如将第三人称改为第一人称，站在第一人称角度称屈原

为"您"，更利于将炽烈的情感融入文章。这种运用第二人称代词"您"或"你"，直接称呼本来不在面前的人或物，仿佛与之面对面说话的修辞方式叫呼告。这种修辞往往能引起读者强烈的情感共鸣，加强了抒情效果，在议论文中适当运用，能增添议论文的感染力。

上段其他几处修改如下：

将"叹自己无用武之地"改为"叹君昏臣佞、无意抗秦"，因为屈原投江的原因主要是"君昏臣佞、无意抗秦"，"自己无用武之地"不是主要原因。

在"叹"前面加上"您"，在"纵身"前面加上"您"是为了与"您披发行吟"中的"您"构成反复，以反复和呼告手法强化作者的情感。

将"大义凛然"改为"魂化清流，长存人间"。"大义凛然"往往形容面对邪恶威胁时表现出来的让人敬畏的正义神态，本文标题中的"英雄长存"强调的是英雄精神的流传。

将"满怀抱负"改为"满怀强大楚国的抱负"，这样修改，既补全了主语，又明确了"抱负"的内涵。

将"但尘世昏暗"改为"但朝廷昏暗"，因为造成屈原悲剧的主要原因不是"尘世昏暗"，改后语言更严谨。

将"一腔热血"改为"一颗忠心"，因为屈原最可贵的品质是"忠心"。

将"昏庸"改为"昏聩"。"昏庸"的意思是"糊涂而愚蠢"，"昏聩"比喻头脑糊涂，不明是非，用在这里符合语境。

将"秉承初心"改为"恪尽职守"，因为"秉承初心"是表述思想，"恪尽职守"是陈述行为，根据语境，这里强调行为尽职尽责要好一些。

将"屈心抑志"删去，因为选段中屈原的形象是"奋不顾身，没有忍耐"。

将"清冷湖水中"至"巅峰"之间的内容改为"如今，我在清冷的江水、河水、海水中都能觅到您高大的背影，您纵身一跃表现出的忠贞爱国情，浇灌着华夏热土上一代代后继英雄的心田。"因为原文语言侧重论述屈原《离骚》的文学价值，而本文论述的重点应该是屈原的英雄精神及其对后世的影响，所以做了较大的修改。

## 第九十三讲

# 议论文各部分都要形成一个完整的论证单元

如《雏鹰报》第七十九期第二版三（6）班连××同学的作文《一事精致便动人》原稿的第一至第三段：

古人云："一事精致，便能动人。"要想把事情做到极致，就应当坚守初心，砥砺前行，不断突破自己，优化自己。

那些坚守初心的劳动模范，能够默默坚守在自己的岗位上，几十年如一日地奋力拼搏，练就了过硬的本领。检修工赵学军，24年专注高压带电作业技术，完成由技校生到行业领军人物的华丽蜕变。车工王阳，33年坚守三尺车床，为飞船保驾护航；歼15舰载机工程总指挥罗阳及其团队，心无旁骛，专注技术攻坚，助推国之重器振翅翱翔。上海社会科学院助理研究员王中美用工作成果和过硬技术向世界诠释巾帼不让须眉……

他们之所以在平凡的岗位上创造出了非比寻常的辉煌业绩，被国人敬仰，就是因为他们始终保持着一颗初心，执着一事，终有所成。

**宜改为：**

古人云："一事精致，便能动人。"要想把事情做到极致，就应当坚守初心，不断优化自己、突破自己，砥砺前行。

那些坚守初心的劳动模范，默默坚守在自己的岗位上，几十年如一日奋力拼搏，才练就了过硬的本领。检修工赵学军，24年专注高压带电作业技术，完成由技校生到行业领军人物的华丽登顶。车工王阳，33年坚守三尺车床，为飞船保驾护航，毫厘不爽；歼15舰载机工程总指挥罗阳及其团队，心无旁骛，专注技术攻坚，助推国之重器振翅寰宇。上海社会科学院助理研究员王中美用过硬技术和工作成果向世界诠释巾帼不让须眉的伟大意义。

他们之所以在平凡的岗位上创造出了非比寻常的辉煌业绩，被世人敬仰，是因为他们始终保持着一颗初心，执着一事。

选文第一段中"就应当坚守初心，砥砺前行，不断突破自己，优化自己"的语序要按逻辑顺序进行调整。

第二段的第一句话是分论点，第一个例证结尾处的"蜕变"运用得不太合适，因为"蜕变"泛指人或事物发生质变，例子中的赵学军从技校生到行业领军人物不能说是本质发生了变化，所以将"蜕变"改为"登顶"比较合适。第二个例子写到"保驾护航"，还只是一种行动，还不能扣合分论点中"才练就了过硬的本领"这层意思，可以加上"毫厘不爽"以便与分论点严密扣合。第三个例子结尾处的"振翅翱翔"也只是描述了动作，没有动作的效果，不妨改为"振翅寰宇"。第四个例子结尾处句子不完整，可以加上"伟大意义"这个宾语。

接下来，我们着重研究一下二、三两段话构成的这个完整的论证单元。

全文的中心论点是"把一件事情做到极致就能成就非凡人生"，作者主要用例证法行文。二、三两段是这篇文章的第一部分。第一句"那些坚守初心的劳动模范，默默坚守在自己的岗位上，几十年如一日奋力拼搏，才练就了过硬的本领"是这一部分的分论点，是从"劳动模范"这个角度着手论证的。然后列举了检修工赵学军、车工王阳、航母总工程师罗阳及其团队、巾帼英雄王中美等例子，这些例子中有普通劳动者，也有著名工程学家，有男子，也有女子，比较全面，能有力地论证观点，很好。

接下来的第三段："他们之所以在平凡的岗位上创造出了非比寻常的辉煌业绩，被世人敬仰，是因为他们始终保持着一颗初心，执着一事"是对以上例子的总结归纳，扣合到了分论点上。

这样，有分论点，有例证，有将例子扣合到分论点上的总结句，就形成了一个完整的论证单元，这是议论文典型的段落结构，很好。

# 第九十四讲

# 白描的魅力

比如《雏鹰报》第八十期第三版一（10）班赵××同学的作文《记忆中的那些事》原稿的第二段：

"人生若只如初见，莫使秋风悲画扇。"还记得刚刚开学的时候，三位主科老师嘻嘻哈哈，给人十分温柔的感觉。同学们一个个举止优雅，言语很有礼貌。但后来才发现：语文老师以骂人不带脏字为绝技，数学老师以一根棍子行走天下，英语老师以洗脑闻名全校，同学们一个个简直就是疯子。

## 宜改为：

"人生若只如初见，何事秋风悲画扇。"还记得刚刚开学的时候，三位主科老师嘻嘻哈哈，给人十分和善的感觉。同学们也一个个举止优雅，言语很有礼貌。但后来才发现：语文老师以骂人不带脏字为绝技，数学老师以一根棍子行走课堂，英语老师以善于洗脑闻名全校。在三位老师的料理下，同学们一个个简直要成疯子。

这是一篇写初中毕业班生活的文章，第二段概括介绍三位老师时撷取了他们每个人最突出的一面，简单勾勒一笔，不事渲染，却突出了三位老师的鲜明形象，也留给了读者较大的想象空间，很好。

再看这篇文章的第四段：

好姐妹一起闯天下。还记得生病时为我接水的乔乔为人仗义，督促我学习的小马美丽善良，忍受我小脾气的大张憨厚老实，还记得"狗他拜"的笑话传遍全班，还记得"旭日东升的太阳"的梗让人无法忘记，还记得考试后聚在一起哼的《凉凉》，下课后偷偷跑去"散心"，还记得我们为了体育加试而互相推着跑，为了理想而互相加油打气，为了班级荣誉而努力奋斗。我们相遇在金秋九月，相识在寒冬腊月，相知在阳春三月，分别在酷暑六月。愿你们在往后的日子里，踮起脚尖便可闻到花香，走过荆棘也毫发无伤，愿你们可上九天揽月，下五海捉鳖，谈笑凯歌还……愿你们对自己做的每一个决定都不曾后悔。

## 宜改为：

好姐妹一起闯天下。还记得生病时还为我接水的乔乔为人仗义，督促我学习的小马美丽善良，忍受我小脾气的大张憨厚老实；还记得"狗他拜"的笑话传遍全班；还记得"旭日东升的太阳"的梗让人捧腹大笑；还记得考试后聚在一起哼的《凉凉》，下课后偷偷跑去"散心"；还记得我们为了体育加试而互相推着跑，为了理想而互相加油打气，为了班级荣誉而努力奋斗。我们相遇在金秋九月，相识在寒冬腊月，相知在阳春三月，分别在酷暑六月。愿我们在今后的日子里，踮起脚尖便可闻到花香，走过荆棘也毫发无伤；愿我们可上九天揽月，下五洋捉鳖，谈笑凯歌还……

原稿第二句连用了五个"还记得……"的句式，而第一、四、五三句内部还有分句，这时候要注意用分号标明层次。最后两句中的"你们"不如换为"我们"更符合事实，也更易于表现彼此亲密的情感，两个用"愿我们"起首的句子之间要用分号。

这一段通过回忆数个场景来表现"我"离别时的独特感受，每个场景都没有详细写，只是用白描手法一笔带过，这种写法能把当时那种万千往事齐聚心头的心理感受酣畅淋漓地表现出来。

再看这篇文章的第五段：

仲夏蝉鸣，游子意；木棉花开，毕业季。毕业那天，黑板中间老师写着"不忍别离，但车已到站""你们远走高飞，我们原路返回"。上面写着我们班的班训"信念创造奇迹，一切皆有可能"。白板上放着不知何时老师偷拍我们的照片，一张张照片记录了我们这三年来的成长，是我们这三年来的回忆。左边是我们写的七班请假条。个子小小的语文老师轻描淡写地说，好了，你们毕业了，终于把我们送走了。但我们可是她教的第一届三年的学生啊！数学老师说，太好了，你们终于毕业了，我不用看见你们了，可眸中的深情早已把她的伪装暴露无遗。英语老师说："纵有不舍，但也无可奈何。"说完，便潸然泪下。我们搬书离校的时候，她们三个，红着双眼，却又笑着……

## 宜改为：

蝉鸣游子意，花开毕业季。毕业那天，黑板中间老师写着"不忍别离，但车已到站""你们远走高飞，我们原路返回"，上面写着"信念创造奇迹，一切皆有可能"的班训，黑板左边是我们写的七班请假条。白板上播放着不知何时老师偷拍我们的照片，一张张照片记录了我们这三年来的成长，是我们这三年来的回忆。个子小小的语文老师轻描淡写地说："好了，你们毕业了，终于把你们送走了。"我们可是她教的第一届毕业班学生啊！数学老师说："太好了，你们终于毕业了，我不用再监视你们了。"可眸子中的深情早已把她的伪装暴露无遗。英语老师说："纵有不舍，但也无可奈何……"说完，便潸然泪下。我们搬书离校的时候，她们三个，红着眼，却又笑着……

原稿在刻画三位老师离别的话语时，前两位用了转述，第三位是直接引用。最好都采取直接引用老师原话的方式，既真实，又动情。这一段在刻画离别的场面时，对三个老师也没有用铺排和渲染的手法详写，而是抓住每个老师的一两句话简笔勾勒，这样，能产生一种言短情长的效果。

　　白描原本是中国画的一种技法，就是"单用墨色线条勾描形象而不藻修饰，不渲染烘托"的画法。用在文学上，是指用朴素简练的笔墨，不加渲染，只几句话，几个动作，就能画龙点睛地揭示人物精神世界的手法，这种手法往往能收到以少胜多、以"形"传"神"、含蓄蕴藉的艺术效果。

　　比如鲁迅先生在小说《祝福》中对祥林嫂的外貌刻画，用的就是白描手法。

　　五年前的花白的头发，即今已经全白，全不像四十上下的人；脸上瘦削不堪，黄中带黑，而且消尽了先前悲哀的神色，仿佛是木刻似的；只有那眼珠间或一轮，还可以表示她是一个活物。她一手提着竹篮，内中一个破碗，空的；一手拄着一支比她更长的竹竿，下端开了裂：她分明已经纯乎是一个乞丐了。

　　简短几句，就将祥林嫂这位精神被彻底摧垮的下层劳动妇女形象刻画出来了。

　　又如罗贯中在《三国演义》中对赵子龙肖像的描写：

　　忽马草坡左侧转出一个少年将军，飞马挺枪，直取文丑。公孙瓒扒上坡去，看那少年：生得身长八尺，浓眉大眼，阔面重颐，威风凛凛，与文丑大战五六十合，胜负未分。

　　这段话，寥寥几十个字，就将赵子龙这位威风凛凛、英俊勇武的少年将军的形象凸现了出来。

## 第九十五讲

# 让诗赋、曲词、歌词辅助表达

比如《雏鹰报》第七十七期第四版三（7）班武××同学的小说《赤伶》原稿结尾处的四个段落：

顾少秋倒下时握着那拐杖轻声说，下九流又如何？男儿铁骨铮铮，位卑岂敢忘忧国。师父，戏中的忠信孝义，我一个也没忘。风吹起时不知是谁唱起，自从我随大王东征西战，受风霜与劳碌，年复一年。恨只恨无道秦把生灵涂炭，只害得众百姓困苦颠连！

戏楼外，那日拜访顾家的那个男子领着一群人匆匆赶来。晚了，他还是提前执行计划了。那男子抬头看着大火中的戏楼。洛阳亲友如相问，一片冰心在玉壶。王队长，这便是咱们的暗语，若有一日，我死了，不求留名史册，只求在那荣城郊外为我堆座坟。待来日我汉邦一统，请告我一声。那个被称为王队长的人便是那日那个男子。或许只有他知道顾少秋日日待在戏楼，只为了将脂油涂遍整个楼。

秋日里桂花开了，香气宜人。山间不知谁唱着，白骨青灰皆我，乱世浮萍忍看烽火燃山河，位卑未敢忘忧国，哪怕无人知我……

只见荣城郊外有一土坟，坟前立一碑：赤伶。

**宜改为：**

顾少秋倒下时握着那拐杖轻声说："下九流又如何？男儿铁骨铮铮，位卑岂敢忘忧国。师父，戏中的忠信孝义，我一个也没忘。"

风吹起时，不知是谁唱起："自从我随大王东征西战，受风霜与劳碌，年复一年。恨只恨无道秦把生灵涂炭，只害得众百姓困苦颠连！"

戏楼外，那日拜访顾家的那个男子领着一群人匆匆赶来。

晚了，他还是提前执行计划了。

那男子抬头看着大火中的戏楼。

"'洛阳亲友如相问，一片冰心在玉壶。'王队长，这便是咱们的暗语。若有一日，我死了，不求留名青史，只求在那荣城郊外为我堆座坟。待来日我汉邦一统，请告我一声。"

那个被称作王队长的人便是那日那个男子，或许只有他知道顾少秋日日待在戏楼，只是为了将脂油涂遍整座楼。

秋日里桂花开了，香气宜人。山间不知谁唱着："白骨青灰皆我，乱世浮萍忍看烽火燃山河，位卑未敢忘忧国，哪怕无人知我……"

只见荣城郊外有一土坟，坟前立一碑：赤伶。

写文章时，被引用的内容要用上引号，表达的内容有较大的变化或跳跃时，要适当分段，对那些能突出人形象或表现主旨的内容，更宜单独列段。改文按照以上两个原则做了相应修改。

选文是写顾少秋引燃舞台杀死日本侵略者后的情节。第二段引用了几句戏词："自从我随大王东征西战，受风霜与劳碌，年复一年。恨只恨无道秦把生灵涂炭，只害得众百姓困苦颠连。"这几句是《霸王别姬》中的唱词，表面是写楚汉战争，实际表达的是对日本侵略者无比的痛恨和激烈的反抗。引用唱词的写法，能使读者自然联想到楚汉战争中霸王别姬的悲壮场景，易于激发共鸣。

接下来又引用"白骨青灰皆我，乱世浮萍忍看烽火燃山河，位卑未敢忘忧国，哪怕无人知我……"的唱词，再次含蓄表达了顾少秋杀敌报国的决心。

这种写法，在《水浒传》《西游记》中多处运用。

如《水浒传》第十回《林教头风雪山神庙　陆虞候火烧草料场》中的一处：

话不絮烦，两个相别了。林冲自来天王堂，取了包裹，带了尖刀，拿了条花枪，与差拨一同辞了管营，两个取路投草料场来。正是严冬天气，彤云密布，朔风渐起，却早纷纷扬扬卷下一天大雪来。那雪早下得密了。怎见得好？有《临江仙》词为证：

作阵成团空里下，这回忒杀堪怜。剡溪冻住子猷船。玉龙鳞甲舞，江海尽平填。

宇宙楼台都压倒，长空飘絮飞绵。三千世界玉相连。冰交河北岸，冻了十余年。

这里用《临江仙》词的形式，夸张地表现了雪大地寒、天气恶劣的特点，为下文发生的凶险故事铺设环境，埋下伏笔，自然引发读者对林冲的担心与同情。

再如《西游记》第四十六回《外道弄强欺正法　心猿显圣灭诸邪》中孙悟空与虎力大仙斗法前的一段：

虎力大仙道："陛下，左右是'棋逢对手，将遇良才'。贫道将终南山幼时学的武艺，索性与他赌一赌。"国王道："有甚么武艺？"虎力道："弟兄三个，都有些神通。会砍下头来，又能安上；剖腹剜心，还再长完；滚油锅里，又能洗澡。"国王大惊道："此三事都是寻死之路！"虎力道："我等有此法力，才敢出此朗言，断要与他赌个才休。"那国王叫道："东土的和尚，我国师不肯放你，还要与你赌砍头剖腹，下滚油锅洗澡哩。"

行者正变做蟭蟟虫，往来报事。忽听此言，即收了毫毛，现出本相，哈哈大笑道："造化！造化！买卖上门了！"八戒道："这三件都是丧命的事，怎么说买卖上门？"行者道："你还不知我的本事。"八戒道："哥哥，你只像这等变化腾那也彀了，怎么还有这等本事？"行者道："我啊：

"砍下头来能说话，剁了臂膊打得人。

扎去腿脚会走路，剖腹还精妙绝伦。

就似人家包扁食（水饺），一捻一个就圆团。

油锅洗澡更容易，只当温汤涤垢尘。"

作者描写孙悟空的这段话采用的是民谣的形式，类似顺口溜，将悟空机灵多变、俏皮活泼、神通广大的特点表现了出来。

诗、曲、歌、谣、顺口溜等语言形式，往往用词精练，描摹生动，韵律和谐，表意含蓄。如果能将这些语言巧妙地嵌入文章中去，往往会产生生动活泼、言简义丰、旨意悠远的效果。

# 第九十六讲

## 一字千金

如《雏鹰报》第七十七期第四版三（7）班武××同学的小说《赤伶》原稿的第十七段：

山本大佐选的是《霸王别姬》，将地点定在赵家戏楼，那个地方足容下半个荣城人。荣城的百姓都对顾少秋恨之入骨，说起来便恨不得把他千刀万剐。还有人说，顾少秋给日本人唱戏可是上心，日日忙着布置戏楼，连他师父发丧，他都不去，真不是东西！

**宜改为：**

山本大佐选的是《霸王别姬》，将地点定在赵家戏楼，那个地方足容下半个荣城人。荣城的百姓都对顾少秋恨之入骨，说起来便恨不得把他千刀万剐。还有人说，顾少秋给日本人唱戏可是上心，日日忙着布置戏楼，连他师父发丧，他都不去，真不是个东西！

这一段是写当时人们对顾少秋的误解。顾少秋是师父赵班主的得意门生，因为给日本人唱戏，气死了赵班主，现在他还要给日本人唱戏，荣城的老百姓就骂他：真不是东西！

改文将"真不是东西"改为"真不是个东西"，原文的五个字，感情色彩已经很强烈，加上"个"字后，感情表达得更强烈。"真不是东西"是否定的陈述句，语意和情感的重点在谓语动词"不是"上，"真不是个东西"中的"个"字有协调音节的作用，将"个"字读音弱化，以便将语意和语气的重点转移到宾语中心词"东西"二字，更容易表达出强烈的斥骂语气。

诗词创作中更讲究炼字，往往一个字能将全诗的意境和诗人的情感表现得透足。比如我们耳熟能详的贾岛诗作"僧敲月下门"中的"敲"字，再比如宋祁诗作"红杏枝头春意闹"中的"闹"字。

朱光潜先生在《咬文嚼字》中有这样一段话，例谈了炼字的重要性。

郭沫若先生的剧本里婵娟骂宋玉说："你是没有骨气的文人！"上演时他自己在台下听，嫌这话不够味，想在"没有骨气的"下面加"无耻的"三个字。一位演员提醒他把"是"改为"这"，"你这没有骨气的文人！"就够味了。他觉得"这"字改得很恰当。他研究这两种语法的强弱不同，"你是什么"只是单纯的叙述语，没有更多的意义，有时或许竟会"不是"；"你这什么"便是坚决的判断，而且还把必须有的附带语省略去了。

其实，有很多时候，优秀的语言不一定能从语法上评价出优劣，它往往与当时、当地约定俗成的表达有关。我们平时要多留意生活中鲜活的语言，这无论是对写作还是阅读都是大有裨益的。

## 第九十七讲

# 一枝一叶总关情

如《雏鹰报》第七十七期第三版一（15）班闫××同学的作文《别了，老屋》原稿的第五段：

我知道我终将失去老屋，想到这里，我心中不由得充满了哀伤。我十分清楚盖房子要先平整土地，于是我那新栽的才冒出头的竹子，我那常让我躺着小憩的秋千，那美丽的喇叭花，那供小伙伴们做颜料染指甲的凤仙花，那些夏天为院落增添生机的夏虫，那些秋天为我们增添乐趣的秋萤，都将淹没于冰冷的水泥里，不复存在。院里的花草知道我的哀伤，轻轻抚着我的手，安慰着我；我家的小狗知道我的烦忧，天天依偎着我；天上的小鸟知道我的愁绪，也不再飞落枝头放声高歌。

### 宜改为：

我知道我终将失去老屋，想到这里，我心中不由得充满了哀伤。我十分清楚盖房子要先平整土地，于是我那新栽的才冒出头的竹子，我那常让我躺着小憩的秋千，那美丽的喇叭花，那供小伙伴们做颜料染指甲的凤仙花，那些夏天为院落增添生机的夏虫，那些秋天为我们增添乐趣的秋萤，都将淹没于冰冷的水泥里……院里的花草知道我的哀伤，轻轻抚着我的手，安慰着我；我家的小狗知道我的烦忧，天天依偎着我；天上的小鸟知道我的愁绪，也不再飞落枝头放声高歌了。

原稿写得非常好，改文只将原文中的"不复存在"改为省略号，在"放声高歌"后增加了一个"了"字以增添余味。

作者写家里要改造旧房子建新楼房了，势必要把老房子扒掉，但作者对老房子饱含深情，对它充满留恋，于是写了散文《别了，老屋》。上面选的这一段就将自己对老屋满腔的爱、留恋和告别的哀伤寄托在老屋的一草一木上，写得深挚感人。那才冒出头的竹子，小憩的秋千，那美丽的喇叭花，供染指甲的凤仙花，院落里的夏虫，增添乐趣的秋萤，还有家里的小狗，天上的小鸟都与作者同情感共命运了。

文章的情感表达忌讳直白，口号式的语言读起来淡而无味。我们可以学习上面这位同学的写法，将情感附着在一事、一物、一景上，让情感"自然而然"地流露出来。

我们在学习鲁迅先生的散文《从百草园到三味书屋》时已经感受过这种写法的魅力，大家肯定忘不了下面这一段：

不必说碧绿的菜畦，光滑的石井栏，高大的皂荚树，紫红的桑椹；也不必说鸣蝉在树叶里长吟，肥胖的黄蜂伏在菜花上，轻捷的叫天子（云雀）忽然从草间直窜向云霄里去了。单是周围的短短的泥墙根一带，就有无限趣味。油蛉在这里低唱，蟋蟀们在这里弹琴。翻开断砖来，有时会遇见蜈蚣；还有斑蝥，倘若用手指按住它的脊梁，便会拍的一声，从后窍喷出一阵烟雾。何首乌藤和木莲藤缠络着，木莲有莲房一般的果实，何首乌有臃肿的根。有人说，何首乌根是有像人形的，吃了便可以成仙，我于是常常拔它起来，牵连不断地拔起来，也曾因此弄坏了泥墙，却从来没有见过有一块根像人样。如果不怕刺，还可以摘到覆盆子，像小珊瑚珠攒成的小球，又酸又甜，色味都比桑椹要好得远。

鲁迅先生也是通过描写一些细小事物来表现对百草园的回忆和留恋的。先生写景物时，有动有静，有声有色，有上有下，有详有略，句式长短有致。他之所以能写得那样生动逼真，是因为他对百草园的一草一木爱得深切、观察得细致。

# 第九十八讲

# 语言最好能凸显地域特色

如《雏鹰报》第六十七期第一版一（2）班魏××同学的作文《我们村儿》原稿的第三至第五段：

"老七，听说你前天打野碰见了窝灵芝，卖了多少钱啊？"一听就知道是张伯。

"那家伙，可值钱了。老七，啥时候上山叫上咱们一起，沾沾光。"老刘扯着大嗓门。

"呵呵，行啊，那东西得靠运气，有时候点儿背，几个月都碰不见。不过是真值钱，那么一堆儿，卖了好几百。"七叔也是乐得合不拢嘴。

**宜改为：**

"老七，听说你前天上山挖野菜碰见了窝灵芝，卖了多少钱啊？"一听就知道是张伯。

"那家伙，可值钱了。老七，啥时候上山叫上咱！沾沾光！"老刘扯着大嗓门。

"呵呵，行啊，那东西得靠运气，有时候点儿背，几个月都碰不见。不过是真值钱，就那么一堆儿，卖了好几百。"七叔乐得合不拢嘴。

"打野"一词现在多用作电子竞技类游戏术语，指消灭野怪，这个词还是个方言词，是"捞外快"的意思，这里就用作方言词。

另外，上面三段话中的"老七""那家伙，可值钱了""沾沾光""点儿背"也都是方言口语，"扯着大嗓门"是通俗的描述语，这些语言透出浓郁的乡土气息，形象生动地刻画出村民质朴、率真的品格，很生动。

再比如该文原稿的第十段：

"前几年，你张伯的爸爸，也算是你爷爷，领着你张伯去城里办事，中午才办完，只能先在城里吃饭，你张伯闹着吃烙馍，你爷爷就领着他到了一个路边的小摊，一张烙馍要三毛钱，那时候三毛钱可值钱了，但因为儿子想吃，你爷爷就给他买了张。结果往前走了不多远，又有一个小摊，一张卖两毛钱，你爷爷顿时火了，夺过儿子的烙馍返回去，找那个摊主理论。"夕阳的余晖正好落在爸的脸上，爸眯了眯眼。

**宜改为：**

"几十年前，你张伯的爸，你也该叫他爷爷，领着你张伯去城里办事，中午才办完，只能先在城里吃饭。你张伯闹着吃烙馍，你爷爷就领着他到了一个路边的小摊，一张烙馍要三毛钱，那时候三毛钱可值钱了，但因为儿子想吃，你爷爷就给他买了张。结果往前走了不多远，又有一个小摊，一张才卖两毛钱，你爷爷顿时火了，夺过你张伯的烙馍返回去，找那个摊主理论。"夕阳的余晖正好落在爸的脸上，爸眯了眯眼。

原文叙述不够严谨，应将"前几年"改为"几十年前"，这里的"我""张伯""爷爷"应该是三代人。

选段中爸爸给儿子谈到别人时，用了"你张伯""你爷爷"这种极富乡村气息的词，用这样的词，说者说得亲切，听者听得温暖，简单的一个称呼就能显示出浓浓的乡情。

这篇作文无论是人物语言还是叙述语言，都烙上了鲜明的地域色彩，通过这些富于地域色彩的语言生动地表现了家乡的环境美、人情美、人性美。

## 第九十九讲

# 通过场面传情达意，生动而含蓄

如《雏鹰报》第六十七期第一版一（2）班魏××同学的作文《我们村儿》原稿的前两段：

傍晚时分，这个村庄，挺美的。

悠悠的池塘，偶尔还会有一尾任性的鱼在水面上荡起涟漪；房屋上漾起袅袅炊烟，各家的饭香混杂在空气中，随风散开，悄悄地拨动着人们的味蕾；南墙边树上系着的秋千，偶尔还会随着风懒洋洋地动弹两下；大人喊小孩回家吃饭的声音倒成这傍晚唯一的"嘹亮"，仿佛谁的声音大，谁家的孩子就会麻溜地奔回来一样；等到各家的锅碗瓢盆开始日常的奏乐，也就各家罢饭了，开始刷锅了，小孩子就不约而同地聚在一起，开始玩自己的游戏，岗上的杨树下，几个男人光着膀子"高谈阔论"。

**宜改为：**

傍晚时分，这个村庄，挺美的。

悠悠的池塘，偶尔还会有一尾任性的鱼在水面上荡起涟漪。房屋上漾起袅袅炊烟，各家的饭香混杂在空气中，随风散开，悄悄地撩拨着人们的味蕾。南墙边树上系着的秋千，偶尔还会随着风懒洋洋地荡悠两下。大人喊小孩回家吃饭的声音倒成了这傍晚唯一的"嘹亮"，仿佛谁的声音大，谁家的孩子就会麻溜地奔回来一样。等到各家的锅碗瓢盆开始日常的奏乐，各家也就罢饭了，开始刷锅了。小孩子们又不约而同地聚在一起，开始玩自己的游戏。冈上的杨树下，几个男人光着膀子在"高谈阔论"。

第一段是总述，"这个村庄，挺美的"是要表达的中心。第二段连续刻画了几个画面：池塘鱼儿荡起的涟漪，房屋上漾起的炊烟，撩拨人们味蕾的饭香，南墙边树上懒洋洋的秋千，大人喊小孩回家吃饭的"亮"音，各家锅碗瓢盆的合奏，饭罢小孩子们的游戏和冈上杨树下男人光着膀子"高谈阔论"。这几个平常而逼真的画面，充满浓郁的乡土气息，将村庄宁静、温馨、和洽的特点表现出来，为下文写村庄人们的心灵美做了自然环境和社会环境的铺垫。

又如《雏鹰报》第七十九期第三版一（10）班赵××同学的作文《记忆中的那些事》原稿的第四段：

闺蜜一起闯天下。还记得生病时为我接水的乔乔为人仗义，督促我学习的小马美丽善良，忍受我小脾气的大张憨厚老实，还记得"狗他拜"的笑话传遍全班，还记得"旭日东升的太阳"的梗让人无法忘记，还记得考试后聚在一起哼的《凉凉》，下课后偷偷跑去"散心"，还记得我们为了体育加试而互相推着跑，为了理想而互相加油打气，为了班级荣誉而努力奋斗。我们相遇在金秋九月，相识在寒冬腊月，相知在阳春三月，分别在酷暑六月。愿你们在往后的日子里，踮起脚尖便可闻到花香，走过荆棘也毫发无伤，愿你们可上九天揽月，下五海捉鳖，谈笑凯歌还……愿你们对自己做的每一个决定都不曾后悔。

### 宜改为：

闺蜜一起闯天下。还记得生病时还为我接水的乔乔为人仗义，督促我学习的小马美丽善良，忍受我小脾气的大张憨厚老实；还记得"狗他拜"的笑话传遍全班；还记得"旭日东升的太阳"的梗让人捧腹大笑；还记得考试后聚在一起哼的《凉凉》，下课后偷偷跑去"散心"；还记得我们为了体育加试而互相推着跑，为了理想而互相加油打气，为了班级荣誉而努力奋斗。我们相遇在金秋九月，相识在寒冬腊月，相知在阳春三月，分别在酷暑六月。愿我们在今后的日子里，踮起脚尖便可闻到花香，走过荆棘也毫发无伤；愿我们可上九天揽月，下五洋捉鳖，谈笑凯歌还……

这一段的改法在第九十四讲《白描的魅力》中已做了分析，这里不再赘述。再次引用这个例段意在说明场面描写在表现情感方面的重要作用。这篇写初中毕业班生活的文章，通过刻画精彩的场面表现了同学们之间的深情厚谊。

# 第一百讲

## 用梦的形式结尾常常使文章产生含蓄蕴藉的效果

如《雏鹰报》第六十七期第一版一（2）班魏××同学的作文《我们村儿》原稿结尾的两段是这样写的：

太阳终于钻进了大山的怀抱，这个热闹的村庄终于安静了下来，各家窗户里溢出了暖黄色的灯光，南墙下的秋千也闲置了下来。

那天晚上，我梦见，我们村的人，在山上碰见了满山的灵芝。

**宜改为：**

太阳终于钻进了大山的怀抱，这个热闹的村庄终于安静了下来，各家窗户里溢出了暖黄色的灯光，南墙下的秋千也闲了下来。

那天晚上，我梦见，我们村的人，在山上碰见了满山的灵芝。

这篇习作设计了一个梦的结尾，而且梦的内容是"我们村的人"碰见了"满山"的灵芝。这样构思，从形式上照应了文章的开头，使文章前后呼应、结构完整；在内容上营造出幸福、温馨的氛围，衬托出村里人的人情美、人性美；在情感上也表达出了作者对村子里人们的美好祝愿。语言形式与情感内容在这里完美结合，表达上含蓄蕴藉，提升了作品的艺术品位。

作家杨朔在他的名篇《荔枝蜜》结尾也运用了这种以梦结尾的写法。

透过荔枝树林，我沉吟地望着远远的田野，那儿正有农民立在水田里，辛勤地分秧插秧。他们正用劳力建设自己的生活，实际也是在酿蜜——为自己，为别人，也为后世子孙酿造着生活的蜜。

这黑夜，我做了个奇怪的梦，梦见自己变成一只小蜜蜂……酿造着未来……

在这篇作品中，作者先写他小时候曾被蜜蜂蜇了一下，因而看到蜜蜂心里就不舒服。后来他知道了荔枝蜜的甜香，不觉动了情，由蜂蜜想到酿蜜的蜜蜂，便到养蜂场去参观。当了解到蜜蜂辛勤而短暂的一生后感慨道："蜜蜂是在酿蜜，又是在酿造生活；不是为自己，而是在为人类酿造最甜的生活。蜜蜂是渺小的；蜜蜂却又多么高尚啊！"以上是赞颂蜜蜂。接着，作者由酿蜜的蜜蜂联想到了勤劳的农民，不由得赞叹道："他们正用劳力建设自己的生活，实际也是在酿蜜——为自己，为别人，也为后世子孙酿造着生活的蜜。"将歌颂蜜蜂，上升到歌颂劳动人民上来。结尾作者写他做了一个梦，梦中的自己变成了一只小蜜蜂。这样以"梦境"收束全文，显得含蓄蕴藉，耐人寻味。

## 第一百零一讲

# 哲思点化　别有天地

如《雏鹰报》第二十八期第二版二（3）班王×同学的作文《老树》原稿的结尾段：

上古有大椿者，以八千岁为春，以八千岁为秋，将八千年的寂寞化为八千年的荣耀。但愿来生，我能遇见它，向他述说我曾经的梦想，和它共享那份荣耀，甚至寂寞。

**宜改为：**

上古有大椿者，以八千岁为春，以八千岁为秋，将八千年的寂寞化为八千年的荣耀。但愿来生，我能遇见它，向它述说我曾经的梦想，和它共享那份荣耀，甚至寂寞。

原稿写得很好，改稿只改了一个错别字。"大椿"是庄子《逍遥游》中的形象，在《逍遥游》中它是"大年"的代表，庄子用"大椿"来对比说明人们所追慕的彭祖并非长寿的代表，论证了"小"和"大"的区别。

王淼同学在《老树》这篇文章中不取其长寿的形象，而是另辟蹊径，用"寂寞""荣耀"两词表达他对"大椿"人文内涵的独特理解，富于哲理意蕴。这样，就将文章中所描写的那棵富有生机而不幸被锯倒的老树的悲慨升华为深沉和旷达，将大树被砍的"悲"转化为生命的"壮"，立意上别有天地。

# 第一百零二讲

# 用恰当动词赋予画面感和视听感

如《雏鹰报》第二十九期第二版三（25）班潘××同学的作文《黄昏》原稿的第一至第四段：

我爱黄昏，尤其望着最后一抹斜晖慢慢散在思绪里的时候。

夕阳隐退，就是无边的夜了。

我想："黑夜终于还是要来了。昨日的梦覆盖了一层，再催生一个新梦，总有一天我也要躺在梦的夹层里再不复醒。那么黄昏，就是为我饯行的歌吧。"

夜不语，又轻轻地送我回到黄昏。我的泪悄然而至。在远方，夕阳会静静照在某座只是遥望的石像上。她叫作神女峰。

## 宜改为：

我爱黄昏，尤其望着最后一抹斜晖慢慢散在思绪里的时候。

夕阳隐退，就是无边的夜了。

我想：黑夜终于还是要来了，昨日的梦被覆盖了一层，再催生一个新梦，总有一天，我会躺在梦的夹层里不复醒，那么，黄昏就是为我饯行的歌吧。

夜不语，又轻轻地送我回到黄昏。我的泪悄然而至……在远方，夕阳会静静照在某座只是遥望的石像上，它叫神女峰。

以上四段文字情景交融，感情深挚。作者在描绘画面时善于运用恰当的动词，使画面呈现出立体的美感，给读者以强烈的视听感。"一抹斜晖"是静止的平面景象，而让它"慢慢散在思绪里"的"散"字就赋予了余晖质感和动态美，能引起读者视听感受，有了立体的艺术美感。

郁达夫《荷塘月色》中"月光如流水一般，静静地泻在这一片叶子和花上"一句中的"泻"字就是这样的写法。

此外，该段中"夕阳隐退"中的"隐退"，"昨日的梦被覆盖了一层"中的"覆盖"，"再催生一个新梦"中的"催生"，"躺在梦的夹层里"的"躺"，"饯行的歌"中的"饯行"，"夜不语"中的"不语"，"轻轻地送我回到黄昏"中的"送"，也都有这样的效果。读者在这里读到的是文字，脑海里呈现的是立体的形象。

## 第一百零三讲

# 使用有相同语素的词语可以使文章寄意深远

如《雏鹰报》第二十八期第三版二（6）班赵××同学的作文《那些看小说的日子》原稿的倒数第二段：

我看的小说，文风各异，有的婉转悱恻，笔调轻柔；有的明亮轻快，欢欣动人；有的刚劲雄健，意气风发。通过阅读，我增长了不少见识，树立了正确的三观，而阅读积极健康的小说，也让我学会了用不同眼光看待问题，用不同的心感受不同的时代精神。当然，小说里面也有一些东西是相通的，比如信念、勇气、精神，它们能够超越生命的长度、心灵的宽度、灵魂的深度，穿过时空隧道与我相会。

**宜改为：**

我看的小说，文风与内容各异。有的笔调轻柔、婉转悱恻，有的风格明快、欢欣动人，有的刚劲雄健、催人警醒。通过阅读，我增长了不少见识，树立了正确的三观，学会了从不同角度看待问题，感受了时代精神。我发现，小说里面也有一些东西是相通的，比如信念、勇气、精神，它们能超越生命的长度、拓展心灵的宽度、增加灵魂的深度，穿越时空，贯通古今。

原稿的一个亮点是尾句"超越生命的长度、心灵的宽度、灵魂的深度"中的三个词：长度、宽度、深度。三个词含有相同的语素"度"，从长、宽、深三个角度设词，既巧妙归纳文意，又使文章在开合之间保持文脉贯通，意味隽永，这是一种巧妙的构思。

习近平总书记在 2021 年全国政协新年茶话会上发表重要讲话时勉励全国各族人民在新的一年发扬"为民服务孺子牛、创新发展拓荒牛、艰苦奋斗老黄牛"的精神，这里的"孺子牛""拓荒牛""老黄牛"三个词恰妙地将我国牛年与"三牛"精神结合，朴实精准又寄意深远。

这些年，多地开展了"五心"教育，即忠心献给祖国，孝心献给父母，爱心献给社会，诚心献给他人，信心留给自己，这里的"忠心""孝心""爱心""诚心""信心"也用了这种构思。

# 第一百零四讲

# 散文中勿忘适时议论和抒情

如《雏鹰报》第一百四十七期第二版一（31）班李××同学的作文《促我成长的那个人》原稿的第二段：

每每想起我还是觉得小时候的天地很大，我可以自由自在地在田埂跑啊跑，闻雨后清草的芬芳，看天边缀着的几朵云霞染红了半边天，一个简陋的秋千就够伙伴们玩乐一整个下午。夕日欲颓，伴着几缕炊烟夜色渐深，在爷爷一声声催促中和伙伴道声再见，然后任由爷爷拍掉我身上的土，带我回家。爷爷就这么牵着我，一牵就是好几年。

**宜改为：**

我每每想起小时候，我觉得那时候天地很大，我可以自由自在地在田埂上跑啊跑，可以悠然自得地闻雨后青草的芬芳，可以聚精会神地看天边缀着的几朵云霞是怎样一点一点地染红了半边天。那个时候，一个简简单单的秋千就够我和小伙伴们快乐一个下午。那个时候，爷爷一直在我旁边乐呵呵地看着我，他在守护我的安全。夕阳欲坠，几缕炊烟袅袅升起，夜色渐浓，在爷爷一声声的催促中，我和小伙伴们互道再见，然后任由爷爷拍掉我身上的泥土，带我回家。爷爷就这么牵着我，一牵就是好几年。我得感谢爷爷，是他无所不在的目光和紧紧牵着我的大手呵护了我无忧无虑的童年。

原文是朴实的记叙和简洁的描写，当然，从朴实的记叙和简洁的描写中读者也能体会出"我"与"爷爷"之间的深情。改文在记叙描写之后，加上了抒情议论的语言：我得感谢爷爷，是他无所不在的目光和紧紧牵着我的大手呵护了我无忧无虑的童年。加上的这句话既点明了前面所记叙、描写事件的意义，又扣合了全文的中心，起到了画龙点睛的作用。

这一段还有其他几处需要修改：

"每每想起我还是觉得小时候的天地很大"这句话有杂糅的语病，没有与第一个谓语"想起"对应的宾语，可以将这句话改成两句话：我每每想起小时候，我觉得那时候天地很大。改后读起来顺口，语意也明确。

"田埂"后面缺少一个与前面介词"在"照应的"上"字。

将"闻雨后清草的芬芳"改为"可以悠然自得地闻雨后青草的芬芳"，改后，不仅消除了错别字"清"，使改后的句子在结构上与上句保持了一致，而且"悠然自得"一词也更能体现出我当时的自由、快乐。

将"看天边缀着的几朵云霞染红了半边天"改为"可以聚精会神地看天边缀着的几朵云霞是怎样一点一点地染红了半边天"。改后，句子结构能与上两句保持一致，构成排比。"聚精会神""一点一点"等词语生动地刻画出"我"当时的入迷状态。

将"一个简陋的秋千就够伙伴们玩乐一整个下午"改为"那个时候，一个简简单单的秋千就够我和小伙伴们快乐一个下午"，并增加"那个时候，爷爷一直在我旁边乐呵呵地看着我，他在守护我的安全"等内容。原句只写到了"伙伴"们的快乐，没有写到"我"的快乐，与全段表现"我"快乐的主旨不合。另外，改文用"简简单单"修饰"秋千"更准确。增加爷爷在旁边守护我安全的内容，既避免了下文爷爷出现时的突兀，又突出了爷爷对我的关爱之情，使接下来的抒情显得真实、自然。

将"夕日欲颓，伴着几缕炊烟夜色渐深"改为"夕阳欲坠，几缕炊烟袅袅升起，夜色渐浓"。因为"夕日欲颓"的含义理解起来比较艰涩，"伴着几缕炊烟夜色渐深"一句的主语是"夜色"，"伴着几缕炊烟"作了"渐深"的状语，但是，用"伴着几缕炊烟"来修饰"（变）深"又不合逻辑，所以，要将这句话分开来写，改成两句话。前一句让"几缕炊烟"作主语，后一句让"夜"做主语，这样表达就明白了。将"深"改为"浓"是因为"浓"字不仅有"深黑"的色调感，还有质感，语言更形象。

将"和伙伴道声再见"改为"我和小伙伴们互道再见"。增加了主语"我"，使句子完整。在"伙伴"后加"们"字，照应了上文内容。将"道声"改为"互道"，"道声"显得随意、不庄重，感情色彩不浓，"互道"既符合事实，又含有恋恋不舍的感情。

将"拍掉我身上的土"中的"土"改为"泥土"，因为"土"的含义很宽泛，用"泥土"更符合"我"在田野里玩耍的事实。

又如上文原稿的第三段：

少时顽劣，又养了个散漫的性子。我那时候并不理解为什么爷爷会劝我听父母的话从乡下转到城里来上学，我又哭又闹，想让这个一贯宠让着我的老人像往常一样再次退步。可没有，那是记忆中爷爷第一次用近乎苛责的语气命令我。我看他巴掌扬的高高的，又看着我叹了一口气转身进了厨房。那个早上他同往常一样叫我穿衣、起床。吃罢饭他沉默着把我的行李摆好，然后拉着我去田间摘我爱吃的菜。面包车停在门口，爷爷攥着我的手，攥得生疼。良久，他松开我，"去吧，妮，好好学。"

## 宜改为：

我小时候性格顽劣，又养成了散漫的习惯，父母怕这些影响我学习，执意要把我从乡下转到城里去上学，我极不情愿。爷爷却在一旁极力劝我听父母的话，我又哭又闹，我想让这个一贯宠着我的老人像往常一样再次让步。可是没有，在我记忆中，爷爷第一次用近乎苛责的语气命令我听从父母的话。我看到他将巴掌扬得高高的，又看着我叹了一口气转身进了厨房。我知道爷爷生气了，便答应了父母。第二天早上，他像往常一样叫醒我穿衣、起床、吃饭。吃罢饭，面包车停在门口，爷爷默默地把我的行李摆好，他攥着我的手，攥得生疼。良久，他松开我的手说："去吧，妮，好好学。"

我应该感谢爷爷，是他扬起的巴掌和松开的大手给了我一个全新的彼岸。

第二段在叙述完"我"转学的事件后，加上了抒情议论的语言：我应该感谢爷爷，是他扬起的巴掌和松开的大手给了我一个全新的彼岸。加上这些语言既能点明上面所记叙事件的意义，也扣合了全文的中心，起到了画龙点睛的作用。

上文原稿的第三段还需要做其他几处改动：

将"少时顽劣，又养了个散漫的性子"改为"我小时候性格顽劣，又养成了散漫的习惯"。原句没有主语，改句添上了主语"我"。"少时"是相对"老年"来说的，而作者现在还是高中生，所以，将"少时"改为"小时候"比较恰当。在"顽劣"前加上"性格"，将"性子"改为"习惯"是为了表意更准确。

将"我那时候并不理解为什么爷爷会劝我听父母的话从乡下转到城里来上学"改为"后来父母怕这些影响我的学习，执意要把我从乡下转到城里去上学，我极不情愿。爷爷却在一旁极力劝我听父母的话"。原句是个长句，含有杂糅的语病，意思表达得也不清楚。将这个句子改为几个短句，意思就明白得多了。将"转到城里来"中的"来"改为"去"才符合写作者的立足点，因为当时"我"在农村。

将"一贯宠让着我"中的"让"字删去，因为"宠"和"让"语意有交叉。

将"可没有"改为"可是没有"，"可是没有"符合现代汉语多用双音节词的特点，改后读起来语气也更畅达。

将"那是记忆中爷爷第一次用近乎苛责的语气命令我"改为"在我记忆中，爷爷第一次用近乎苛责的语气命令我听从父母的话。"将状语"在我记忆中"前置，强调了爷爷这次态度变化之大。在"命令我"后面加上"听从父母的话"使表达更明确。

将"我看他巴掌扬的高高的"改为"我看到他将巴掌扬得高高的"，"巴掌"前增加个"将"字，明确了全句的主语是"他"，避免了将"巴掌"当作主语。"高高的"作"扬"的补语，两者之间的助词应该用"得"。改文在这一句后面加上"我知道爷爷生气了，便答应了父母"等内容使上下句衔接自然，以免下文送"我"去县城上学的情节显得突兀。

将"那个早上他同往常一样叫我穿衣、起床"改为"第二天早上，他像往常一样叫醒我穿衣、起床、吃饭"。将"那个早上"改为"第二天早上"更符合实际，因为下文还写到"叫我穿衣、起床"，显然，上面发生的事情是在起床后发生的，所以，让时间往后推移一天，表达上才更清晰。在"起床"后增加"吃饭"，既能体现爷爷对我生活上一贯的关护，又照应了下文的"吃罢饭"。

将"吃罢饭他沉默着把我的行李摆好，然后拉着我去田间摘我爱吃的菜"改为"吃罢饭，面包车停在门口，爷爷默默地把我的行李摆好"。在"吃罢饭"三字后加上一个逗号，因为下面的内容已换了主语。将"面包车停在门口"放在"摆行李"前面是符合逻辑的。用"沉默地"修饰"摆"不恰当，因为"沉默"表示不应答、不说话的情态，改为"默默"是恰当的。删去"然后拉着我去田间摘我爱吃的菜"一句，避免故事情节旁逸。

将"他松开我"改为"他松开我的手"，这样表述更准确。

## 第一百零五讲

# 标题中间一般不必用点号

如《雏鹰报》第二十八期第四版三（12）班姚××同学的作文原标题：
《你若花开，蜂蝶自来》

**宜改为：**

《你若花开 蜂蝶自来》

原标题中"你若花开"是"蜂蝶自来"的假设前提，在正文行文时，表示前提的分句和表示结果的分句之间往往要用逗号隔开，这个逗号有标明语句间层次的作用。但是在标题中，笔者认为，两者之间空一个空格就可以了，不必用逗号，这样既便于读者将标题与正文区分开来，也不影响意思的表达。

当然，标题可以用问号、叹号、破折号或省略号，因为这些符号除了标明停顿外，还有表示特殊含意的作用，而逗号和句号一般只表示停顿。在这里，没有逗号既不影响文意的表达，也不影响语句间的逻辑，又能使标题和正文更好地区分开来。所以，笔者认为，标题中间不必用逗号隔开。

如果标题前后两部分之间是并列关系的话，那就更不必用了。比如二（9）班赵××同学的作文标题《人、书、月夜》，就不妨改作《人 书 月夜》，二（1）班朱××同学的作文标题《厚重方城史，追思博望侯》就不妨改作《厚重方城史 追思博望侯》，三（3）班刘××同学的作文标题《看你们，看中国》就不妨改作《看你们 看中国》，至于三（12）班段××同学的作文标题《适时而为，才为正道》中的逗号可以直接删去。

# 第一百零六讲

# "中国""我国"与"祖国"意味有别

如《雏鹰报》第二十八期第四版三（12）班姚××同学的作文《你若花开 蜂蝶自来》原稿的第二段：

首先，中国综合国力的不断提高是原因之一。中华人民共和国刚成立时，留学海外的人大多定居国外，因为当时的中国一穷二白，发展落后。如今，走过改革开放，我国发展迅速，跃居成为世界第二大经济体，在各方面都领先于世界。如此种种，吸引了一大批高水平知识分子回国，在为国效力的同时，在各自的研究领域与世界接轨、同步甚至超越同行。可以说，综合国力的提高是"海归潮"出现的基础。

**宜改为：**

首先，我国综合国力的不断提高是基础原因。中华人民共和国刚成立时，留学海外的人有一部分选择定居国外，因为当时我国一穷二白，经济发展相对滞后，一时难以给他们提供合适的科研平台。如今，走过改革开放，我国发展迅速，已成为世界第二大经济体，在许多方面都领先世界。综合国力的提高，吸引了一大批高水平知识分子回国，他们在为国效力的同时，在各自的研究领域已经与世界接轨、同步，甚至超越他国。可以说，综合国力的提高是"海归潮"出现的基础。

改稿将原稿中"中国综合国力的不断提高"和"因为当时的中国一穷二白"两句中的"中国"改为"我国"，为什么呢？

因为"中国"是客观名词，在与国际上其他国家并列时使用。而"我国"是主客体统一的名词，易于表达作者对自己国家的敬爱之情。但是，这段话中"新中国刚成立"中的"新中国"不能改为"我国"，因为"新中国"是"中华人民共和国"的简称，是特定称谓，是对应"旧中国"来说的。

"祖国"主观色彩更强烈，适宜用在诗歌或散文中强化抒情，如舒婷的抒情诗《祖国啊，我亲爱的祖国》和王莘作词、作曲的歌曲《歌唱祖国》。

## 第一百零七讲
# "言之有物"是写作的一条铁律

如《雏鹰报》第二十八期第四版三（23）班耿×同学的作文《我们去看海》原稿的第三段：

海洋是坚强的吧。《海底两万里》上说："海洋就是一切。"山峰，河流，森林，它们都以各种各样的方式死去了，它们被征服了，消失、变形、倒下。自然的孩子中，只有海洋，从未被征服。

### 宜改为：

海洋是坚强的。法国作家凡尔纳在他的小说《海底两万里》里写道：大海就是一切。山峰，河流，森林，它们都有可能以各种各样的方式被征服：山峰在大地震中崩摧，河流在连年干旱中消失，森林在火山喷发中焚毁。在大自然的孩子们中，只有海洋，从未被征服，它一直雄霸着地球十分之七的表面积。

原文中作者用"山峰、河流、森林易被征服"来反衬海洋的坚强，构思很好。但是，在表现山峰、河流、森林等易被征服时只用"消失、变形、倒下"这三个词显得空洞，缺乏说服力。可以把这三个词的含义具象化表述为"山峰在大地震中崩摧，河流在连年干旱中消失，森林在火山喷发中焚毁"，以增强文章的说服力。同理，末尾句中"只有海洋从未被征服"是空洞的观点，如果加上一句"一直雄霸着地球十分之七的表面积"，就有说服力了。"言之有物"是写作的一条铁律。

又如《雏鹰报》第二十八期第三版二（6）班崔××同学的作文《那声传统文化的呐喊》原稿的第二段：

我喜欢他们身上的那抹艳丽，我喜欢他们头上发饰的闪光，更喜欢他们忽而厚实粗重，忽而清脆婉转的唱腔。在戏剧里面很多事物常常化繁为简，一根棍子便是一匹骏马，一张图画便是一座城池……从小到大看了多少戏我已记不清了，只是至今想起巾帼穆桂英出征时的英姿仍会感到无比振奋；想起《清风亭》中不孝男子为金钱名利抛弃养父养母时仍会厌恶斥责；想起《泪洒相思地》中千金小姐为寻意中人与父断绝关系时仍会潸然泪下……

## 宜改为：

我喜欢他们脸上那一抹抹油彩，我喜欢他们服装上那描龙绣凤的图案，我喜欢他们忽而厚实粗重、忽而清脆婉转的唱腔，我更喜欢戏剧道具的化繁为简：一根棍子便是一匹骏马，几张几案便是一座城池……从小到大看了多少戏我已记不清了，至今想到巾帼英雄穆桂英挂帅出征的故事时仍会无比振奋，想到《清风亭》中不孝男子张继保为金钱名利抛弃养父养母的情节时我仍会怒火中升，想到《泪洒相思地》中千金小姐为寻意中人不惜与父亲断绝关系的场景时仍会潸然泪下……

原稿从化妆、服装、唱腔、道具、人物、情感等多个角度表现了作者对戏剧文化的喜爱，整段文字并没有使用"热爱""喜欢""赞颂"等词语，但因为"言之有物"，浓厚的情感已含蕴在字里行间，做到了"言之有物"，改稿只是畅通了一下文气而已。

## 第一百零八讲

# 台湾永远是祖国的一部分

如《雏鹰报》第二十九期第二版三（3）班杨×同学的作文《故园根深》原稿的第四段：

故园根深，抹不灭的是对这片故土的深深思念。乡愁诗人余光中与祖国半个世纪的分离，五十载的隔岸相望。再见故园魂牵梦萦的山山水水，余光中眼中噙满了泪水，久久说不出话来。他热爱中国传统文化，热爱中国，情系故土家园，他礼赞"中国，最美最母亲的国度"，他"要做屈原和李白的传人"，这些话无一不表达出余光中对祖国深沉强烈的热爱，无一不拨动着每一个中华儿女的心弦。

**宜改为：**

故园根深，挥不去的是对这片故土的深深思念。乡愁诗人余光中与祖国大陆有半个世纪的分离，五十载的隔岸相望。再见故园那令他魂牵梦萦的山山水水时，余光中老人的眼中噙满了泪水，久久说不出话来。他热爱祖国，热爱祖国的传统文化，情系故土家园，他礼赞"中国，最美最母亲的国度"，他"要做屈原和李白的传人"，这些言行，无一不表现出他对祖国深沉炽烈的爱，无一不拨动着中华儿女的心弦。

原稿中"乡愁诗人余光中与祖国半个世纪的分离"中的"祖国"应该改为"祖国大陆"，台湾始终是祖国不可分割的一部分，余光中老人暂时与"祖国大陆"分离，但他一直没有同"祖国"分离，也永远在祖国的怀抱里！

## 第一百零九讲
## 议论文的标题宜使用动宾短语明示观点

如《雏鹰报》第三十期第一版三（12）班金××同学的作文标题：

*《动物的世界》*

**宜改为：**

*《保护动物世界》*

这位同学的作文从体裁上看是议论文，议论文是阐明作者立场、观点、态度的文体，而立场、观点、态度通过准确的动词才能鲜明地体现。原标题《动物的世界》是个偏正短语，中心词是"世界"，如果用它做说明文的标题还是可以的，做议论文的标题时，宜将它改作《保护动物世界》。改后，语意重点落在"保护"上，鲜明地体现了写作者的立场、观点和态度。

再如《雏鹰报》第三十三期第四版三（12）班段××同学的作文标题：

*《于是长大以后》*

**宜改为：**

*《人生，并不是拿来"用"的》*

这位同学的作文也是议论文，论点是"人生要活出担当，不能把人生当作工具，使自己沦为'实用品'"。文章写得很好，主旨积极向上，但原标题不能显示中心。修改后，"人生"二字表明了这篇议论文的话题；"并不是"是表示否定判断的动词，体现了作者的立场；"拿来'用'的"做宾语，与"并不是"一起体现了作者的观点、态度。

## 第一百一十讲

# 标点要辅助层次的划分和语意的表达

如《雏鹰报》第三十期第一版三（12）班谭××同学的作文《这就是父亲的秘密》原稿的第三段：

父亲，您知道吗？从小到大您打过我很多次，也骂过我很多次。但我清楚地知道，每一次都是成绩惹的祸，说我不是学习的料，迟早会像您一样，我当时强忍着泪水，我不愿用泪水冲刷委屈。我下定决心要推翻您的预言。我想向您证明我的学习一点都不差。看到我成绩的起色，您是不是感觉到自己的秘密不再是一个不能对人说的梦。

### 宜改为：

父亲，您知道吗，从小到大，您打过我很多次，也骂过我很多次，但我清楚地知道，每一次都是我的成绩惹的祸。您说我不是学习的料，迟早会像您一样；我当时强忍着泪水，我不愿用泪水冲刷委屈。我下定决心要推翻您的预言，我想向您证明我的学习一点都不差。看到我成绩的起色，您是不是感觉到自己的秘密不再是一个不能对人说的梦？

联系本段的主旨，原稿中"父亲，您知道吗？"中的问号宜改为逗号，因为作者在这里并不是想向父亲提问，也不是想让父亲回答。虽然这里也可以用句号，但还是用逗号好，因为这句话与接下来的"从小到大，您打过我很多次，也骂过我很多次。但我清楚地知道，每一次都是我的成绩惹的祸"语意衔接紧密，它们共同构成了一层完整的意思。

原稿"从小到大您打过我很多次，也骂过我很多次"后面的句号宜改为逗号，如果用句号，就割裂了前六个分句之间的紧密联系。原稿"说我不是学习的料，迟早会像您一样，我当时强忍着泪水，我不愿用泪水冲刷委屈"一句中的四个分句共同表现父亲和"我"之间的故事，它们是一个相对完整的句群，"迟早会像您一样"后面用逗号也可以，之所以将逗号改成分号，是为了更清晰地体现四个分句是两个层次。当然，"迟早会像您一样"后面也可以用句号，但用了句号会破坏这四个分句的紧密联系，不太好。

原稿"我下定决心要推翻您的预言。我想向您证明我的学习一点都不差"这两个分句之间语意紧密相连，中间不应该用句号隔开，应将"预言"后的句号改为逗号。

　　原稿"看到我成绩的起色，您是不是感觉到自己的秘密不再是一个不能对人说的梦"后面的句号应该改为问号，因为文中"是不是感觉"已明显表现出作者对父亲探询的语气。当然，也可以按原稿那样，在"不能对人说的梦"后面仍用句号，但语气中透露出的却是"我"的自得或自负，不太好。

　　上段其他几处修改如下：

　　在"从小到大"后面加上逗号，因为这是句首状语，要跟主语用逗号隔开。

　　将"清楚的知道"中的"的"改为"地"，因为"清楚"是"知道"的状语。

　　在"成绩"前加上领属定语"我的"，这样，语义更明确。

　　将"惹的祸"后面的逗号改为句号，因为以上内容是讲父亲打我、骂我的事，接下来写父亲说"我"不是"学习的料"的事，谈话的内容变了。

　　在"说我不是学习的料"的前面加上主语"您"。

## 第一百一十一讲

# 恰当分段是为了层次清晰

如《雏鹰报》第三十期第二版一（4）班鲁××同学的作文《眼里种着太阳》原稿的第二段：

我家所在的小区紧挨着医院，就有很多行人（主要是病人家属）从小区里穿行，导致这里虽然是个小区，却更像闹市，于是不断有住户搬离。可是不久前却搬来了一户人家。夫妇俩对人很友善，他们的女儿是一个漂亮的姑娘，尤其是那双眼睛，很亮，很美，好像里面住着太阳似的。她笑起来很好看，比春天的花儿都迷人。但不知为什么，她从不跟邻居搭话，甚至有邻居和她打招呼她也不理，还装作没看见的样子，这让人们对她印象很不好。有一次我就听见几个邻居在议论："这姑娘也太没礼貌了，见面连个招呼都不打！老张也不管管。""是啊，你没见她平日里出个门都让老张跟着，多大的人了，还跟个孩子似的。""老张两人就是太娇惯她了！这样子不把孩子宠坏才怪呢。"听了他们的议论，我对她的印象也变得不好起来。

**宜改为：**

我家所在的小区紧挨着医院，有很多病人或家属从小区里穿行，导致这里虽然是个小区，却更像闹市，于是不断有住户搬离。

可是不久前却搬来了一户三口之家。夫妇俩对人很友善，他们的女儿也漂亮，尤其是那双眼睛，很亮，很美，好像里面住着太阳似的，她笑起来更好看，比春天的花儿还迷人。但不知为什么，她从不跟邻居搭话，甚至有邻居和她打招呼她也不理，好像没看见一样，这让人们对她印象很不好。

有一次，我就听见几个邻居在议论："这姑娘也太没礼貌了，见面连个招呼也不打！她爸也不管管。""是啊，你没见她平日里出个门还让她爸陪着，多大的人了，还跟个孩子似的！""她父母就是太娇惯她了！这样子不把孩子宠坏才怪呢！"听了他们的议论，我对她的印象也变得不好起来。

一篇文章的段落到底得有多少并没有定规，比如上面这段话中邻居们的议论，也可以根据议论者再分段。不过，对于千字内的学生作文，尤其是议论文来说，8——12段是比较恰当的，有同学写成5段以内，难免使结构不清晰。

# 附录1

# 你能修改下列语句中的赘余（语意重复）吗?
## （解析）

B

1. 被人贻笑大方。（"贻笑大方"本身有被动之意，应删去"被人"。）

2. 不堪忍受歧视与侮辱。（"堪"本身就有"忍受、承受"之意，应删去"忍受"，或将"堪"改为"能"。）

3. 并非是。（"非"即"不是"的意思，应删去"是"。）

4. 被入选。（"入选"即"被选入"的意思，应删去"被"。）

5. 被惑于。（"于"是"被"的意思，已表示被动，应删去"被"。）

6. 背地里阳奉阴违。（"阴"即"暗地里、背地里"的意思，应删去"背地里"。）

7. 保底不低于150万元。（"保底"就是"不低于、不少于"的意思，应删去"保底"或"不低于"。）

8. 不必要的浪费。（"浪费"已含有"不应该、不必要"的意思，应删去"不必要的"。）

9. 白白地虚度。（"虚度"的意思就是"白白地度过"，应删去"白白地"。）

10. 报刊杂志。（"报刊"是报纸和杂志的合称，应删去"杂志"。）

11. 彼此息息相关。（"息息相关"形容"彼此关系密切"，已含有"彼此"的意思，应删去"彼此"。）

12. 不期而遇地邂逅。（"不期而遇"意思是"没有约定而遇见"，与"邂逅"的意思重复，应删去"地邂逅"或"不期而遇地"。）

13. 不言而喻的潜台词。（"不言而喻"的意思是"不用明说就能让人明白"，"潜台词"也含有"不用明说"的意思，应根据语境删去其中一个。）

14. 不虞之誉的称赞。（"不虞之誉"意思是"没有意料到的称赞"，已含有"称赞"的含义，应删去"称赞"。）

15. 百姓民不聊生。（"民"的意思是"百姓、人民"，应删去"百姓"。）

16. 不熟悉的新情况。（"新情况"已含有"不熟悉的"之意，应删去"不熟悉的"。）

17．不期而遇地遇见。（"不期而遇"已包含"遇见"的意思，应删去"地遇见"。）

18．避免不受侵害。（"避免"与"不受"都表示否定的意思，应根据语境删去其中一个。）

19．不合格的伪劣产品。（"伪劣产品"就是"不合格的产品"，应删去"不合格的"。）

20．不透明的暗箱操作。（"暗箱操作"的意思是"利用职权暗地里做某事"，已含有"不公开，不透明"的意思，应删去"不透明的"。）

C

21．出乎意料之外。（"出乎"与"之外"都有"超出"的意思，语意重复，应删去"之外"。）

22．长期以来的夙愿。（"长期以来的"和"夙"语意重复，应删去"长期以来的"。）

23．除了……之外。（"除了……"本身表示"在……之外"，应删去"之外"。）

24．葱绿的大葱。（"葱绿"是"像葱那样绿"的意思，可以将"葱绿"改为"碧绿"。）

25．从心里由衷感谢。（"由衷"就是"从心里"的意思，应删去"从心里"。）

26．出自于。（"于"是介词，"自"也是介词，两者都表示"从"的意思，应根据语境删去其中一个。）

27．沧海桑田的巨变。（"沧海桑田"比喻"世事变化很大"，应删去"巨变"。）

28．出奇制胜获取胜利。（"制胜"的意思是"战胜、取胜"，与"获得胜利"语意重复，应删去"获得胜利"。）

29．成鼎足之势对峙着。（"鼎足之势"比喻三方并立的局面，已含有"对峙"之意，应删去"对峙着"。）

30．从此一劳永逸。（"一劳永逸"的意思是"辛苦一次，把事情办好，从此以后就可以不再费力了"，已含有"从此"之意，应删去"从此"。）

31．常常屡见不鲜。（"屡见不鲜"意思是"常常见到，并不新奇"，"屡"的意思是"多次、常常"，应删去"常常"。）

D

32．多年的夙愿。（"多年的"与"夙"语意重复，应删去"多年的"。）

33．大好良机。（"良"即是"很好"的意思，应删去"大好"。）

34．多余的废话。（"废"就是"无用多余"的意思，应删去"多余的"。）

35．到此光临。（"临"本身就是"来到、到来"的意思，应删去"到此"。）

36．第一次破天荒。（"破天荒"是"从来未曾有过"的意思，应删去"第一次"。）

37．得以能够实现。（"得以"即"能够"的意思，应删去其中一个。）

38．独自孑然一身。（"孑然一身"的意思是"孤孤单单一个人"，已含有"独自"的意思，应删去"独自"。）

39．大家众所周知。（"众"即"大家"的意思，应删去"大家"。）

40．第一部处女作。（"处女作"即作者的第一部作品，应删去"第一部"。）

41．当务之急的工作。（"当务之急"意思是"当前要紧的事情或工作"，应删去"的工作"。）

42．到会的15名与会者。（"与会"即"参加会议"的意思，与"到会"语意重复，应删去"到会的"。）

43．到处是漫山遍野的……（"漫山遍野"的意思是"山上和田野里到处都是"，已含有"到处"之意，应删去"到处是"或"漫山遍野的"。）

44．对多年收藏的宝贝如数家珍。（"如数家珍"的意思是"好像数自己家藏的珍宝那样清楚"，比喻对所讲的事情十分熟悉，该词已含有"收藏""宝贝"之意，应删去"对多年收藏的宝贝"。）

45．大家有口皆碑。（"有口皆碑"比喻人人称赞，已含有"人人、大家"之意，应删去"大家"。）

46．大家众所周知。（"众所周知"的意思是"大家都知道的"，已含有"大家"的意思，应删去"大家"。）

47．大约……左右。（"大约"与"左右"都表示不很准确的估计，应删去其中的一个。）

48．大约……上下。（"大约"与"上下"都表示不很准确的估计，应删去其中的一个。）

49．大概……左右。（"大概"与"左右"都表示不很准确的估计，应删去其中的一个。）

50．多虑的想法。（"虑"就是"想"的意思，应删去"的想法"或将"虑"改为"余"。）

51．杜绝不要大吃大喝。（"杜绝"与"不要"都表示否定的意思，应根据语境删去其中一个。）

### E

52．耳目一新的全新感觉。（"耳目一新"的意思是"听到的、看到的跟以前完全不同，令人感到很新鲜"，已含有"全新、新鲜"的意思，应删去"的全新感觉"。）

### F

53．否则不这样。（"否则"有"不这样"的意思，应删去"不这样"。）

54．非常奇缺。（"奇缺"就是"非常缺乏"的意思，应删去"非常"。）

55．非常巨大。（"巨大"就是"非常大"的意思，应删去表示程度的副词"非常"。）

56．过分苛求。（"苛"是"过于严厉"的意思，与"过分"语意重复，应删去"过分"。）

57．付诸于流水。（"诸"是兼词，兼有"之于"的意思，与后面的"于"重复，可删去"于",或改"诸"为"之"。)

58．防止不要发生事故。("防止"与"不要"都表示否定的意思，应根据语境删去其中一个。)

59．非法走私枪支。("走私"就是"非法"的，与"非法"语意重复，应删去"非法"。)

G

60．共同协商。("协商"就是"共同商量"的意思，应删去"共同"。)

61．过度酗酒。("酗"已包含"无节制"之意，应删去"过度"。)

62．国际间。("际"就是"彼此之间"的意思，应删去"间"，或将"际"改为"家"。)

63．过高的奢望。("奢"就是"过分"的意思，应删去"过高的"。)

64．更加无比重要。("更加"与"无比"都表示程度，根据语境保留其中一个即可。)

65．各自分道扬镳。("分道扬镳"比喻因目标不同而各走各的路，已含有"各自"的意思，应删去"各自"。)

66．更加至关重要。("至关"已表示程度最深，与"更加"语意重复，应根据语境删去其中的一个。)

67．过于溺爱。("溺"就是"过分、过于"的意思，应删去"过于"。)

68．公开宣称。("宣称"意思是"公开地说出"，应删去"公开"。)

69．耿耿于怀，至今难忘。("耿耿于怀"意思是"事情在心里难以排解"，与"至今难忘"语意重复，应删去"，至今难忘"。)

70．各种形形色色。("形形色色"形容事物的品类很多，各式各样，应删去"各种"。)

71．感到爱莫能助。("爱莫能助"意思是"心里愿意帮助，但是力量做不到"，该词表现的是心理活动，已含有"感到"之意，应删去"感到"。)

72．更加变本加厉。("变本加厉"是指事情的状况变得比本来更加严重，已含有"更加"之意，应删去表示程度加深的"更加"。)

73．过于斤斤计较。("斤斤计较"形容对无关紧要的事情过分计较，已含有"过分、过于"之意，应删去"过于"。)

74．感激涕零地流下眼泪。("涕"是"眼泪"的意思，"感激涕零"的意思是感激得掉下眼泪，已含有"流泪"的意思，应删去"地流下眼泪"。

75．更加弥足珍贵。("弥足珍贵"形容十分珍贵、非常珍贵，已显示了程度，与表示程度的副词"更加"语意重复，应删去"更加"。)

76．过分的溢美之词。("溢美之词"指过分赞美的言辞，已含有"过分"之意，应删去"过分的"。)

77．感到自惭形秽。("自惭形秽"的意思是"因为自己不如别人而感到惭愧"，已含有"感到"之意，应删去"感到"。)

**H**

78．互相厮打。（"厮"已含有"互相"的意思，应删去"互相"。）

79．好像没听到似的充耳不闻。（"充"是"堵塞"的意思，"充耳不闻"的意思是"塞住耳朵不听"，形容不愿听取别人的意见，已含有"有意为之"的意思，与"好像没听到似的"语意重复，应删去"好像没听到似的"。）

80．浑身遍体鳞伤。（"遍体"与"浑身"语意重复，应删去"浑身"。）

81．忽然茅塞顿开。（"顿"是"立刻"的意思，"茅塞顿开"形容思想忽然开窍，立刻明白了某个道理。该词已含有"忽然"之意，应删去"忽然"。）

82．寒舍蓬荜生辉。（"蓬荜"是指编织蓬草、荆竹做成门，形容穷苦人家，已含有"贫苦""居室"之意，应删去"寒舍"。）

83．还记忆犹新。（"犹"是"还、仍然"的意思，"记忆犹新"意思是对过去的事记忆还很清楚，就像新近发生的一样，已含有"还"的意思，应删去"还"。）

84．好像如芒在背。（"如芒在背"的意思是"好像有芒刺扎在背上一样"，形容坐立不安，已含有"好像"的意思，应删去"好像"。）

85．好像如数家珍。（"如数家珍"的意思是"好像数自己家藏的珍宝那样清楚"，比喻对所讲的事情十分熟悉。该词已含有"好像"之意，应删去"好像"。）

86．很是弱不禁风。（"弱不禁风"形容身体很娇弱，连风吹都经受不起，已含有表示程度的"很"的意思，应删去"很是"。）

87．还意犹未尽。（"意犹未尽"是指还没有尽兴，"犹"是"还"的意思，应删去"还"。）

88．还风韵犹存。（"风韵犹存"形容中年妇女仍然保留着优美的风姿，"犹"含有"还"的意思，应删去"还"。）

89．还言犹在耳。（"言犹在耳"比喻说的话还清楚地记得，"犹"含有"还"之意，应删去"还"。）

90．怙恶不悛，不思悔改。（"怙恶不悛"的意思是"坚持作恶，不肯悔改"，已含有"不肯悔改"的意思，应删去"，不思悔改"。）

91．黄发垂髫的孩童。（"黄发垂髫"是指老人与儿童，"垂髫"是指孩童，应删去"的孩童"。）

**J**

92．见诸于。（"诸"是一个兼词，是"之于"的合音，应删去"于"字。）

93．酒水和饮料。（"酒水"是酒类和水类的统称，可指酒、水、饮料等液体。该词已包含"饮料"，应删去"和饮料"。）

94．极其罕见。（"罕见"就是"十分少见"的意思，应删去表示程度的副词"极其"。）

95．截至到。("至"就是"到"的意思，应删去"到"。)

96．举足轻重的重要作用。("举足轻重"形容所处地位重要，一举一动都关系到全局，已含有"重要"之意，应删去"重要"。)

97．基本差强人意。("差强人意"的意思是"大体上让人满意"，与"基本"语意重复，应删去"基本"。)

98．接踵而至地闯进来。("接踵而至"是指人们前脚跟着后脚、接连不断地到来，已含有"到、来"之意，应删去"地闯进来"。)

99．津津乐道地说。("道"意思是"谈、讲"，"津津乐道"意思是"很有兴趣地说个不停"，该词已含有"说"的意思，应删去"地说"。)

100．居室蓬荜生辉。("蓬荜"是指编织蓬草、荆竹作成门，形容穷苦人家，已含有"居室"之意，应删去"居室"。)

101．进行添枝加叶。("添枝加叶"的意思是"在树干上添上些枝叶"，比喻在叙述事情或转述别人的话时，为了夸大，添上原来没有的内容，已表明动作在"进行"，应删去"进行"。)

102．觉得习以为常。("习以为常"指某种事情经常去做，或某种现象经常看到，也就觉得很平常了，已含有"觉得"之意，应删去"觉得"。)

103．觉得心安理得。("心安理得"意思是"自以为做的事情合乎道理，心里很坦然"，已含有"觉得"的意思，应删去"觉得"。)

104．截止日期的最后一天。("截止日期"就是"最后一天"的意思，应根据语境选其一。)

105．绝非是。("非"就是"不是"的意思，应删去"是"。)

106．将近快要80岁了。("将近"就是"快要"的意思，应删去"快要"。)

107．见诸于报刊。("诸"是兼词，兼有"之于"的意思，与后面的"于"重复，可删去"于"或改"诸"为"之"。)

K

108．凯旋归来。("旋"本身有"归"之意，应删去"归来"。)

109．开始启动。("启动"有"开始工作"的意思，应删去"开始"。)

110．可堪称。("堪"已含有"可以、能够"之意，应删去"可"。)

111．刻骨铭心地难忘。("刻骨铭心"形容感受深切，永远不忘，已含有"难忘"之意，应删去"地难忘"。)

112．口若悬河地说。("口若悬河"比喻讲话像瀑布倾泻、滔滔不绝，已含有"说、讲"之意，应删去"地说"。)

113．可以堪称上乘之作。("堪"就是"可以"的意思，应删去"可以"。)

**L**

114．历历在目地呈现在眼前。（"在目"就是"出现在眼前"的意思，应删去"地呈现在眼前"。）

115．略加删改一些。（"略加"有"稍微"的意思，与"一些"语意重复，应删去"一些"。）

116．来自于。（"自"与"于"都是介词，在这里是"从"的意思，应删去"于"。）

117．连续不断地纷至沓来。（"纷至沓来"形容纷纷到来，连续不断地到来，已含有"纷纷、连续"的意思，应删去"连续不断地"。）

118．量力而行地去做。（"行"是"行事"的意思，已含有"做"的意思，应删去"地去做"。）

119．留下的遗产。（"遗"已有"留下"之意，应删去"留下的"。）

**M**

120．没想到受到不虞之誉。（"不虞"就是"没有想到"的意思，应删去"没想到"。）

121．每天日理万机。（"日理万机"的意思是"每天要处理很多事情"，已含有"每天"的意思，应删去"每天"。）

122．免费赠送。（"赠送"就是无代价地把东西送给别人，应删去"免费"。）

123．每天都在发生着日新月异的变化。（"日新月异"的意思是"每天都在更新，每月都有变化"，已含有"每天"之意，应删去"每天"。）

124．名声如雷贯耳。（"如雷贯耳"形容人的名声大，已含有"名声"之意，应删去"名声"。）

125．扪心自问自责。（"扪心自问"的意思是"用手抚摸着胸口向自己发问"，表示自我反省。该词已含有"自省、自责"的意思，应删去"自责"。）

126．满腹经纶的学识。（"经纶"的本意是"整理丝缕"，引申为"人的才学、本领"，"满腹经纶"形容人极有才干和智谋。该词已含有"学识"之意，应删去"的学识"。）

127．名列第一，独占鳌头。（"独占鳌头"比喻居于首位或第一，与"名列第一"语意重复，应删去"名列第一"或"，独占鳌头"。）

128．美丽得如花似玉。（"如花似玉"形容女子姿容出众，已含有"美丽、漂亮"之意，应删去"美丽得"。）

129．没有报酬的义务劳动。（"义务"就是"不要报酬"的意思，应删去"没有报酬的"。）

130．目前的当务之急。（"当务之急"是指当前急切要办的事情，已含有"目前"的意思，应删去"目前"。）

**N**

131．难言之隐的苦衷。（"难言之隐"的意思是"隐藏在内心深处不便说出的原因或事情"，"苦衷"的意思是"不便说出来的痛苦或为难的心情"，应根据语境删去其中的一个。）

132．您的令尊。（"令"是敬辞，用于称对方的亲属，已含有"您的"的意思，应删去"您的"。 ）

133．您的令堂。（"令"是敬辞，用于称对方的亲属，已含有"您的"的意思，应删去"您的"。 ）

134．您的令爱。（"令"是敬辞，用于称对方的亲属，已含有"您的"的意思，应删去"您的"。 ）

135．您的令郎。（"令"是敬辞，用于称对方的亲属，已含有"您的"的意思，应删去"您的"。 ）

136．年轻的小伙子。（"小伙子"就是年轻人，应删去"年轻的"。）

O

137．偶然邂逅。（"邂逅"就是"偶然遇到"的意思，应删去"偶然"。）

138．偶然萍水相逢。（"萍水相逢"的意思是"浮萍随水漂泊，聚散不定"，比喻向来不认识的人偶然相遇，已含有"偶然"的意思，应删去"偶然"。）

P

139．平凡的芸芸众生。（"芸芸众生"泛指众多的平常人，已含有"平凡"之意，应删去"平凡的"。）

Q

140．前来光临指导。（"临"本身就是"来到、到来"的意思，应删去"前来"。）

141．前来莅临指导。（"临"本身就是"来到、到来"的意思，应删去"前来"。）

142．亲眼目睹。（"目睹"即"亲眼看到"的意思，应删去"亲眼"。）

143．全身被打得遍体鳞伤。（"遍体"与"全身"语意重复，应删去"全身"。）

144．切忌不要贪睡。（"切忌"已强调"不要"的意思，应删去"切忌"或"不要"。）

145．全部囊括。（"囊括"已含"全部"的意思，应删去"全部"。）

146．亲密的挚友。（"挚友"的意思是"关系亲密的朋友"，应删去"亲密的"。）

147．群众民怨沸腾。（"民"即"群众、百姓、人民"的意思，应删去"群众"。）

148．潜移默化地影响着。（"潜移默化"是指人的思想性格和习惯受外界影响而不知不觉地发生变化，已含有"影响"之意，应删去"地影响着"。）

149．茕茕子立一个人。（"茕茕子立"形容一个人无依无靠，孤苦伶仃，已含有"一个人"的意思，应删去"一个人"。）

150．全部完璧归赵。（"完璧归赵"比喻把原物完好地归还物品主人，已含有"全部"之意，应删去"全部"。）

151．勤俭节约的风气蔚然成风。（"蔚然成风"指一件事情逐渐发展盛行，形成一种良好风气，已含有"风气"之意，应删去"的风气"。）

152．庆祝国庆 70 周年。（"国庆"意思是"庆祝国家建立"，已含有"庆祝"之意，应删去"庆祝"。这句话也可以改为"庆祝建国 70 周年"或"70 周年国庆"。）

153．亲自耳闻目睹。（"耳闻目睹"的意思是亲耳听到、亲眼看见，已含有"亲自"的意思，应删去"亲自"。）

154．切忌不可喝生水。（"切忌"与"不可"都表示否定的意思，应根据语境删去其中一个。）

155．岂非是。（"非"就是"不是"的意思，应删去"是"。）

### R

156．热切渴望。（"渴望"就是"迫切希望"的意思，已含有"热切"的意思，应删去"热切"。）

157．人民生灵涂炭。（"生灵"在这里就是"人民、百姓"的意思，应删去"人民"。）

158．如果一旦。（"如果"和"一旦"都是表示假设的连词，应删去其中的一个。）

159．日夜朝夕相处。（"朝夕"就是"从早上到晚上，从白天到黑夜"的意思，应删去"日夜"。）

160．任重道远的责任。（"任重道远"中的"任"是"责任"的意思，应删去"的责任"。）

161．让人看得眼花缭乱。（"眼花缭乱"意思是看着复杂纷繁的东西而感到迷乱，也比喻事物复杂，无法辨清。该词已含有"看"的意思，应删去"看得"。）

162．人民生活得安居乐业。（"安居乐业"是指安定愉快地生活和劳动，已含有"生活"之意，应删去"生活得"。）

163．人际间。（"际"是"彼此之间"的意思，应删去"间"。）

164．忍俊不禁地笑起来。（"忍俊不禁"的意思是"忍不住地笑起来"，应删去"地笑起来"。）

165．人为地蓄意破坏。（"蓄意"就是"存心、有意"的意思，应删去"人为地"。）

166．让人贻笑大方。（"贻笑大方"的意思是"让内行笑话"，该词本身有被动之意，应删去"让人"。）

### S

167．十分炎热。（"炎热"指天气十分热，再用"十分"修饰，语意重复，应删去"十分"。）

168．十分万恶。（"万恶"是"极端恶毒"的意思，已表明了程度，应删去表示程度的副词"十分"。）

169．十分优异。（"优异"有"不一般、十分好"的意思，已显示了程度，应删去表示程度的副词"十分"。)

170. 十分罕见。("罕"意思是"十分稀少",应删去"十分"。)

171. 涉及到。("及"就是"到"的意思,应删去"到"。)

172. 使他利令智昏。("令"是"使"的意思,应删去"使他"。)

173. 十年大浩劫。("浩"即"大"的意思,应删去"大"。)

174. 杀人的刽子手。("刽子手"就是以杀人为业的人,应删去"杀人的"。)

175. 胜利的捷报。("捷"就是"胜利"的意思,应删去"胜利的"。)

176. 十分酷爱。("酷"已经表示程度深,应删去表示程度的副词"十分"。)

177. 随便苟同。("苟"就是"随便"的意思,应删去"随便"。)

178. 说得闪烁其词。("闪烁其词"形容言语遮遮掩掩,吞吞吐吐,指不肯透露真相或回避要害问题,该词已含有"说"的意思,应删去"说得"。)

179. 三令五申地强调。("三令五申"就是再三命令或告诫,已含有强调的意味,应删去"地强调"。)

180. 实属是。("属"与"是"都表示判断,应删去"是"。)

181. 诉诸于武力。("诸"是兼词,兼有"之于"的意思,与后面的"于"字重复,可删去"于"或者改"诸"为"之"。)

182. 随意漫谈。("漫谈"含有"随意"的意思,应删去"随意"。)

T

183. 突然恍然大悟。("恍然"形容突然醒悟的样子,应删去"突然"。)

184. 特别穷凶极恶。("穷凶极恶"形容极端残暴凶恶,已表现了程度,应删去表示程度的副词"特别"。)

185. 突然声名鹊起。("声名鹊起"指名声突然大振,知名度迅速提高,已含有"突然"之意,应删去"突然"。)

186. 提出质疑。("质疑"即"提出疑问"的意思,应删去"提出"。)

187. 突然不期而遇。("不期而遇"意思是"没有约定而遇见",与表示意外的"突然"语意重复,应删去"突然"。)

W

188. 万一若。("万一"表示假设,"若"也表示假设,应删去其中的一个。)

189. 卫生洁具。("洁"就是"卫生、干净"的意思,应删去"卫生"。)

190. 无故旷课。("旷课"就是"无故缺课"的意思,应删去"无故"。)

191. 我的拙作。("拙"是谦语,已含有"我"的意思,应删去"我的"。)

192. 我俩个。("俩"是"两个"的意思,应删去"个"。)

193. 无声的潜台词。("潜台词"就是"不明说出来"的话,应删去"无声的"。)

194. 妄自菲薄自己。("妄自菲薄"意思是"胡乱地、过分地看轻自己",应删去

"自己"。)

195．卫冕桂冠。("卫冕"意思是"竞赛中保住上次获得的冠军称号"，与"桂冠"语意重复，应删去"桂冠"。)

196．为了……的目的。("为了"是引出目的的介词，省略的内容就是目的，再用"的目的"语意就重复了，应删去"的目的"。)

197．无用的废话。("废"已含有"无用"的意思，应删去"无用的"。)

198．我的寒舍。("寒舍"是谦辞，对人谦称自己的家，已含有"我的"的意思，应删去"我的"。)

199．我的舍弟。("舍"读作"shè"，"舍弟"是谦辞，对人称自己的弟弟，已含有"我的"的意思，应删去"我的"。)

200．我的贱内。("贱"是谦辞，用于称跟自己有关的事物。"贱内"是对别人称自己的妻子，已含有"我的"的意思，应删去"我的"。)

201．我的家严。("家严"是个谦辞，用于对人称自己的父亲，已含有"我的"的意思，应删去"我的"。)

202．我的愚作。("愚"是个谦辞，用于称自己的文章、见解等，已含有"我的"的意思，应删去"我的"。)

203．我的愚见。("愚"是谦辞，用于自称，已含有"我的"的意思，应删去"我的"。)

204．我自己扪心自问。("扪心自问"的意思是"用手抚摸着胸口向自己发问"，表示自我反省。该词已含有"自己"之意，应删去"自己"。)

## X

205．悬殊很大。("悬殊"即"相差很大"，应删去"很大"。)

206．先进楷模。("楷模"就是先进者，应删去"先进"。)

207．相互分手。(分手已表明是相互行为，应删去"相互"。)

208．下地参加割麦。("割麦"当然要"下地"，应删去"下地"。)

209．邂逅相遇。("邂逅"就是"偶然遇到"的意思，应删去"相遇"。)

210．显得相形见绌。("相形见绌"意思是"跟另一个人或事物比较之后显出了不足"，与"显得"语意重复，应删去"显得"。)

211．小小的弹丸之地。("弹丸之地"形容地方极小，像弹丸那么大，应删去"小小的"。)

212．现在的当务之急。("当务之急"是指当前急切要办的事情，已含有"现在"之意，应删去"现在的"。)

213．迅速立竿见影。("立竿见影"比喻立刻见效，已含有"迅速"之意，应删去"迅速"。)

214．相互钩心斗角。("钩心斗角"比喻人与人之间明争暗斗、各用心机，已含有

"相互"之意，应删去"相互"。)

215．迅速声名鹊起。("声名鹊起"指名声突然大振，知名度迅速提高，已含有"迅速"之意，应删去"迅速"。)

216 显得等而下之。("等而下之"指跟某一事物比较起来显得更差，已含有"显得"之意，应删去"显得"。)

217．想尽千方百计。("千方百计"的意思是"想尽或用尽一切办法"，已含有"想尽、用尽"之意，应删去"想尽"。)

218．羞愧得无地自容。("无地自容"意思是"没有地方可以让自己容身"，形容非常羞愧，已含有"羞愧"之意，应删去"羞愧得"。)

219．心里无动于衷。("无动于衷"的意思是"心里一点儿也没有触动"，指对应该关心、注意的事情毫不关心、置之不理。该词已含有"心里、心中"之意，应删去"心里"。)

220．像土崩瓦解一样。("土崩瓦解"的意思是"像泥土倒塌、瓦片破裂"，比喻彻底垮台或溃败，已含有"像……一样"之意，应删去"像"和"一样"。)

221．习以为常的习惯。("习以为常"指某种事情经常去做，或某种现象经常看到，也就觉得很平常了，已含有"习惯"之意，应删去"习惯"。)

222．许多芸芸众生。("芸芸众生"泛指众多的平常人，已含有"众多"之意，应删去"许多"。)

223．许多莘莘学子。("莘莘"是个集合词，是"众多"的意思，同"许多"语意重复，应删去"许多"。)

224．许多群众走上街头。("群众"是个集合名词，已含有"许多"的意思，应删去"许多"。)

### Y

225．一致公认。("公认"意思是"大家一致认为"，应删去"一致"。)

226．尤其更。("尤其"表示"更进一步"的意思，应删去"更"。)

227．有助于对。("于"是介词，与介词"对"都有引出对象的作用，应删去"对"。)

228．因为……的原因。("因为"和"原因"都表示原因，应删去"的原因"。)

229．约20%左右。("约"与"左右"都表示"大约"的意思，应删去其中的一个。)

230．一天天日臻完善。("日"在这里做状语，就是"一天天"的意思，应删去"一天天"。)

231．一场南柯一梦。("南柯一梦"形容一场大梦，或比喻一场空欢喜，已含有"一场"之意，应删去"一场"。)

232．由于他咎由自取。("咎由自取"中的"由"是"由于"的意思，"咎由自取"意思是"灾祸或罪过是由自己招来的"，已含有"由于"之意，应删去"由于"。)

233．一起并驾齐驱。("并驾齐驱"的意思是"并排套着的几匹马一齐快跑"，与"一起"语意重复，应删去"一起"。）

234．有意充耳不闻。（"充"是"堵塞"的意思，"充耳不闻"的意思是"塞住耳朵不听"，形容不愿听取别人的意见，已含有"有意为之"的意思，应删去"有意"。）

235．溢于言表之外。（"溢于言表"的"表"意思是"流露在外"，与"之外"语意重复，应删去"之外"。）

236．用尽千方百计。（"千方百计"的意思是"想尽或用尽一切办法"，已含有"想尽、用尽"之意，应删去"用尽"。）

237．一天一夜通宵达旦。（"通宵达旦"是指整整一夜，从天黑到天亮，与"一天一夜"语意重复，应删去"一天一夜"。）

238．眼睛望穿秋水。（"秋水"比喻人的眼睛，"望穿秋水"意思是"眼睛都望穿了"，形容对远地亲友的殷切盼望，应删去"眼睛"。）

239．远近闻名遐迩。（"闻名遐迩"形容名声很大，远近都知道，已含有"远近"之意，应删去"远近"。）

240．与……相比相形见绌。（"相形见绌"指跟另一人或事物比较起来显得远远不足，已含有"相比"之意，应删去"与……相比"。）

241．一览无余地看到。（"一览无余"的意思是"一眼看去，所有的景物全看见了"，该词已含有"看到"之意，应删去"地看到"。）

242．一气呵成地完成。（"一气呵成"的意思是"一口气做成"，该词已含有"完成"之意，应删去"地完成"。）

243．一起同归于尽。（"同归于尽"的意思是"一起"走向死亡或毁灭，已含有"一起"的意思，应删去"一起"。）

244．以邻为壑，嫁祸风险。（"以邻为壑"比喻只图自己一方的利益，把困难或祸害转嫁给别人，与"嫁祸风险"语意重复，应删去"，嫁祸风险"。）

245．优秀的传统美德。（"美德"就是"美好的品德"，已含有"优秀的"的意思，应删去"优秀的"。）

246．引起了某些不必要的疾病。（"疾病"都是不必要的，应删去"不必要的"。）

**Z**

247．众多莘莘学子。（"莘莘"是"众多"的意思，应删去"众多"。）

248．这其中。（"其"即是"这"的意思，应删去"这"。）

249．这其间。（"其"即是"这"的意思，应删去"这"。）

250．致信给某某。（"致"已有"给"之意，应删去"给"。）

251．值得可歌可泣。（"可"是"值得"的意思，应删去"值得"。）

252．正在进行打印。（"正在"与"进行"语意重复，应删去其中一个。）

253．这个中原因。（"个中"就是"这其中"的意思，应删去"这"。）

254．终于就。（"终于"和"就"都是表示结果的副词，应根据语境删去其中一个。）

255．正方兴未艾。（"方兴未艾"形容事物正在发展尚未达到止境，"方"是"正在"的意思，应删去"正"。）

256．最高顶点。（"顶点"就是最高点，应删去"最高"。）

257．做出好的表率。（"表率"是"好榜样"的意思，应删去"好的"。）

258．真知灼见的意见。（"真知灼见"即正确而透彻的见解，应删去"的意见"。）

259．灾民哀鸿遍野。（"哀鸿遍野"比喻呻吟呼号、流离失所的灾民到处都是，"哀鸿"在这里比喻灾民，应删去"灾民"。）

260．在出现问题之前就未雨绸缪。（"未雨绸缪"意思是"趁着天还没有下雨，先修缮门窗"，比喻事先做好准备工作。该词已含有"之前"的意思，应删去"在出现问题之前就"。）

261．座位座无虚席。（"座无虚席"的意思是"没有空着的座位"，形容观众、听众或出席、参加的人很多。该词已含有"座位"之意，应删去"座位"。）

262．责无旁贷的责任。（"责无旁贷"的意思是"自己应尽的责任，不能推卸给别人"，"责"就是"责任"的意思，应删去"的责任"。）

263．自然地水到渠成。（"水到渠成"比喻条件成熟，事情自然会成功，已含有"自然"之意，应删去"自然"。）

264．值得可圈可点。（"可圈可点"的意思是"文章精彩，值得加以圈点"，形容出色，精彩，或表现好，值得称道，赞扬。该词已含有"值得"的意思，应删去"值得"。）

265．值得可喜可贺。（"可喜可贺"的意思是"值得欢喜与庆贺"，已含有"值得"的意思，应删去"值得"。）

266．至少……以上。（"至少"表示最小的限度，"以上"表示数目等在某一点以上，两者都表示限度，根据语境选用其中一个即可。）

267．这些房屋将等待拍卖。（"等待"已含有"将"的意思，选用其中一个即可。）

268．这现象令人堪忧。（"堪忧"就是"令人担忧"的意思，应删去"令人"。）

269．再次复发时要服中药。（"再次"与"复"语意重复，应删去"再次"。）

270．遭到挨打。（"挨打"是"被人打"的意思，已含有被动意味，与"遭到"语意重复，应将该词改为"遭到毒打"。）

# 附录2

# 你能修改下列语句中用错的"的、地、得"吗？（解析）

1．我努力的生长着。（"努力"放在动词谓语"生长"的前面，做状语，它与谓语之间的结构助词应该用"地"。）

2．他听到一阵刺耳地咆哮声。（"刺耳"放在名词宾语"咆哮声"的前面，修饰"咆哮声"，做定语，它与宾语之间的结构助词应该用"的"。）

3．人们会错误的以不诚信为常态。（"错误"放在动词谓语"为"的前面，修饰"为"，做状语，它与谓语之间的结构助词应该用"地"。）

4．大家把工作做的很好。（"很好"放在动词谓语"做"的后面，是补充说明"做"的程度的，做谓语的补语，它与谓语之间的结构助词应该用"得"。）

5．徒弟把技术掌握的炉火纯青。（"炉火纯青"放在动词谓语"掌握"的后面，是补充说明"掌握"的程度的，做谓语的补语，它与谓语之间的结构助词应该用"得"。）

6．他上课也会偷偷的看《西游记》。（"偷偷"放在动词谓语"看"的前面，修饰"看"，做状语，它与谓语之间的结构助词应该用"地"。）

7．这里的水才渐渐的脏了、臭了。（"渐渐"放在动词性谓语"脏了""臭了"的前面，修饰"脏了""臭了"，做状语，它与谓语之间的结构助词应该用"地"。）

8．夕阳慢慢的从天边落下。（"慢慢"放在动词谓语"落"的前面，修饰"落"，做状语，它与谓语之间的结构助词应该用"地"。）

9．野鸭在水面悠闲的游动着。（"悠闲"放在动词谓语"游动"的前面，修饰"游动"，做状语，它与谓语之间的结构助词应该用"地"。）

10．每一笔账都记的清清楚楚。（"清清楚楚"放在动词谓语"记"的后面，补充说明"记"的程度，做补语，它与谓语"记"之间的结构助词应该用"得"。）

11．他伪装的太好了。（"太好"放在动词谓语"伪装"的后面，补充说明"伪装"的程度，做补语，它与谓语之间的结构助词应该用"得"。）

12．她要好好的去忏悔。（"好好"放在动词谓语"忏悔"的前面，修饰"忏悔"，做状语，它与谓语之间的结构助词应该用"地"。）

13．因为我对这片土地爱的深沉。（"深沉"放在动词谓语"爱"的后面，补充说明"爱"的程度，做补语，它与谓语之间的结构助词应该用"得"。）

14．渐渐的，你长大了。（"渐渐"放在动词谓语"长大"的前面，在这里又前移到全句主语"你"的前面，做前置状语，它与谓语之间的结构助词应该用"地"。）

15．你活的让别人看不懂你。（"让别人看不懂你"放在动词谓语"活"的后面，是补充说明"活"的程度的，做补语，它与谓语之间的结构助词应该用"得"。）

16．不耐烦的朝窗外望去。（"不耐烦"放在动词谓语"望"的前面，修饰"望"，做状语，它与谓语之间的结构助词应该用"地"。）

17．水在哗哗的流着。（"哗哗"放在动词谓语"流"的前面，修饰"流"，做状语，它与谓语之间的结构助词应该用"地"。）

18．小心翼翼的避开路边水坑。（"小心翼翼"放在动词谓语"避开"的前面，修饰"避开"，做状语，它与谓语之间的结构助词应该用"地"。）

19．它就那样静静的伫立着。（"静静"放在动词谓语"伫立"的前面，修饰"伫立"，做状语，它与谓语之间的结构助词应该用"地"。）

20．父亲心疼的为我拍去衣服上的尘土。（"心疼"放在动词谓语"拍"的前面，修饰"拍"，做状语，它与谓语之间的结构助词应该用"地"。）

21．我不想闷闷的和他待在一起。（"闷闷"放在动词谓语"待"的前面，修饰"待"，做状语，它与谓语之间的结构助词应该用"地"。）

22．大口大口的喘着气。（"大口大口"放在动词谓语"喘"的前面，修饰"喘"，做状语，它与谓语之间的结构助词应该用"地"。）

23．母亲早早的辍学，在锅碗瓢盆间忙碌。（"早早"放在动词谓语"辍学"的前面，修饰"辍学"，做状语，它与谓语之间的结构助词应该用"地"。）

24．我心安理得的享受着姥姥的照顾。（前一个"的"字应该改为"地"，后一个"的"字使用正确。"心安理得"放在动词谓语"享受"的前面，修饰"享受"，做状语，它与谓语之间的结构助词应该用"地"。）

25．她说的令人感伤。（"令人感伤"放在动词谓语"说"的后面，是补充说明"说"的程度的，做补语，它与谓语之间的结构助词应该用"得"。）

26．她变的漂亮了。（"漂亮"放在动词谓语"变"的后面，是补充说明"变"的程度的，做补语，它与谓语之间的结构助词应该用"得"。）

27．奴隶们在卑贱的活着。（"卑贱"放在动词谓语"活着"的前面，修饰"活着"，做状语，它与谓语之间的结构助词应该用"地"。）

28．这里没有尘世地喧嚣。（"尘世"放在名词宾语"喧嚣"的前面，修饰"喧嚣"，做定语，它与宾语之间的结构助词应该用"的"。）

29．历史的车轮不停的转动着。（"不停"放在动词谓语"转动"的前面，修饰"转动"，做状语，它与谓语之间的结构助词应该用"地"。）

30．小张有一张能说会道得嘴巴。（"能说会道"放在名词宾语"嘴巴"的前面，修饰"嘴巴"，做定语，它与宾语之间的结构助词应该用"的"。）

31．成功的研制出新药。（"成功"放在动词谓语"研制"的前面，修饰"研制"，做状语，它与谓语之间的结构助词应该用"地"。）

32．嘈杂地喧闹声停下来了。（"嘈杂"放在名词主语"喧闹声"的前面，修饰"喧闹声"，做定语，它与主语之间的结构助词应该用"的"。）

33．你活的很狼狈。（"狼狈"放在动词谓语"活"的后面，是补充说明"活"的程度的，做补语，它与谓语之间的结构助词应该用"得"。）

34．信心满满的坐在考场。（"信心满满"放在动词谓语"坐在"的前面，修饰"坐在"，做状语，它与谓语之间的结构助词应该用"地"。）

35．我们被手电筒晃的睁不开眼。（"睁不开眼"放在动词谓语"晃"的后面，是补充说明"晃"的程度的，做补语，它与谓语之间的结构助词应该用"得"。）

36．我轻快的奔向客厅。（"轻快"放在动词谓语"奔向"的前面，修饰"奔向"，做状语，它与谓语之间的结构助词应该用"地"。）

37．表达我最深地忏悔。（"最深"放在名词性宾语"忏悔"的前面，修饰"忏悔"，做定语，它与宾语之间的结构助词应该用"的"。）

38．大家决定勇敢的放手一搏。（"勇敢"放在动词谓语"放手一搏"的前面，修饰"放手一搏"，做状语，它与谓语之间的结构助词应该用"地"。）

39．肯定我们地民族文化。（"我们"放在名词宾语"民族文化"的前面，修饰"民族文化"，做定语，它与宾语之间的结构助词应该用"的"。）

40．考题与实际生活结合的很紧密。（"很紧密"放在动词谓语"结合"的后面，是补充说明"结合"的程度的，做补语，它与谓语之间的结构助词应该用"得"。）

# 写在后面

## ——想说改稿不容易

王德军

提到改作文，不少人认为改错别字最棘手，我不太认同这种说法。错别字是硬伤，也是外伤，虽然扎眼得很，但容易改，这次写错了，经过老师或旁人指出来，书写者稍微用点儿心，记住了，以后基本上就不会再错了。

但一些用法上的错误却是内伤，有时候一下子还看不出来。这些伤，还常被一些人看成无伤大雅的小事，但我认为这恰恰小觑不得。比如"的""地""得"这三个结构助词，许多同学用起来都觉得是一头雾水。20 世纪 90 年代，某种教材上将"的"与"地"都写作"的"，时间不长就又改回来了，改回来是正确的。这三个词是结构助词，用在修饰、补充语和中心语之间。

还有一种常见的错误是搭配不当。衣服可以百搭，显得有个性，语言却纯洁得很。语言在长期发展演变中养成了一种守身如玉的美德，有的在搭配上简直可以说是从一而终的，乱点鸳鸯就好比夺了语言的贞操，糟糕得很。习惯用语的搭配比较简单，比如"提高"要搭配"质量"，"增加"要搭配"数量"，这种正确搭配词语的能力通过对成对词语积累的方式提高得很快，比如经常摇头晃脑、抑扬顿挫地记诵"提高质量""增加数量""培养习惯"这样的配对词，成效真的会很明显。但有时候句子一加长，往往会把成对这件事给忘掉了。如"为了全国推广利用多媒体服务课堂教学，这个县举办了三期一体机技术培训班"一句，乍一看意思表达得也算明白，但细推敲，发现"推广"这个词没有与之搭配的词，在"教学"后加上个"技术"，搭配就完整了。这种语病现在通常叫作"成分残缺"，其实，根源上仍是搭配的问题。

还有一种搭配不当就更不容易看出来了。比如"林徽因一次次测量，一笔笔勾画，几十年的坚守，日日夜夜的汗与泪"一句，这句话是表现林徽因对建筑学孜孜以求的钻研精神的，应该说写得还不错。但我们还是有必要做一番入事入景、入情入理的推敲的。这里的"汗"与"泪"用词形象，但上一句"坚守"却是抽象词，这样，相对应位置上的两个词，无论词义还是形象性上都显得不很般配，削弱了语言的美感。因此，不妨将"坚守"，改成形象化的词语，比如"血与汗"。为避免字面重复，可以将下句的"汗与泪"改为"笑与泪"。当然，也可以把形象的"汗与泪"改为抽象的"研究"。这样，用抽象的"研究"呼应上一句抽象的"坚守"也可以。不过不如前一种改法好，因为文章还是生动形象一点儿好。这种不容易看出来的不和谐搭配现在常用"修辞不当"来解释，当然这里是指广义的修辞，不过，我觉得用"搭配不当"来解释更具针对性和可操作性。这多像是一桩门不当户不对的婚姻，双方虽然结成了夫妻，但骨子里并没有琴瑟和谐，一个满腹经纶，一个却胸无点墨，一个风流倜傥，一个却抱残守缺。

以上单就搭配方面列举了一些语病，其他诸如言过其实、逻辑相悖、格调不一、有文无"情"、结构混乱、文不对题，甚至歪曲事实的语病都很常见，这里就不再一一赘述，留在本书具体的改文中去解说吧。

语言运用上的错误，就好比年轻人脸上时不时冒出来的青春痘，有时真是防不胜防。更伤人脑筋的是，它长出来后，别人看着别扭，自己却看不到。不过，这还没什么大危险，勤照照镜子，抹点儿药膏，清淡饮食，还是很容易下去的。怕的是有的人根本就不去防，以为自己脸上出几个痘痘又不关别人什么事，所以就一路任其疯长下去，太多了才觉出丑，手足无措时就拿一朵朵鲜花来掩饰。但是，如果肌体有疾，灵魂就病，纵使遍身绫罗，通体镶玉，也只是一个花枝乱颤的皮囊，贻笑大方。